Barrierefreie eBooks

Barrierefreie eBooks

Domingos de Oliveira

Bibliografische Information der Deutschen Nationalbibliothek:
Die Deutsche Nationalbibliothek verzeichnet diese Publikation in
der Deutschen Nationalbibliografie; detaillierte bibliografische
Daten sind im Internet über http://dnb.dnb.de abrufbar.

Impressum

Copyright: © 2016 Domingos de Oliveira
Bildnachweis auf den Seiten:
7/12/15/18/20/29/48/Cover - Fotolia.de
Herstellung und Verlag: BoD – Books on Demand, Norderstedt
ISBN: 9783842366473

Inhaltsverzeichnis

1.   Einleitung

eBooks erobern langsam den deutschen Büchermarkt. Eine Zielgruppe, an die Sie bisher vielleicht noch nicht gedacht haben, sind Menschen mit Behinderung. Dabei sind sie geradezu prädestiniert für das elektronische Lesen.

Fast jeder zehnte Deutsche ist behindert oder hat eine kognitive Einschränkung. Viele können ohne Weiteres gedruckte Bücher lesen. Allerdings gibt es auch zahlreiche Menschen, die nicht oder nur mit Schwierigkeiten lesen können:

- Blinde benötigen eine digitale Fassung des Buches, um es sich vorlesen oder als Blindenschrift auf einem Braille-Display ausgeben zu lassen.
- Sehbehinderte können digitale Texte an ihre Sehschädigung anpassen, zum Beispiel: vergrößern, den Kontrast oder die Schriftart ändern.
- Menschen, die aufgrund motorischer Behinderungen nicht umblättern können, lesen digitale Texte am Computer und steuern das Gerät zum Beispiel per Sprache oder Augensteuerung.
- Menschen mit Leseschwäche können sich den Text mit speziellen Programmen vorlesen lassen.

Abb. 1   Blinder Mann lässt sich den Text vorlesen und auf der Brallezeile ausgeben

Die Zahl der Bücherliebhaber dürfte in der Gruppe der Blinden größer sein als in der Durchschnittsbevölkerung. Viele Blinde und Gehörlose ziehen Bücher dem Fernsehen oder Radio vor, weil kaum ein anderes Medium unmittelbarer an die direkte Erfahrung heranreicht.

Barrierefreiheit sollte nicht als unnötiges Extra verstanden werden. Eine verbesserte Lesbarkeit kommt allen Lesern zugute. Nicht umsonst drucken nach wie vor viele Menschen Texte aus oder ziehen Papierbücher den elektronischen Fassungen vor. Die Lesbarkeit auf digitalen Geräten hat noch nicht die Qualität gedruckten Papiers erreicht. Außerdem sichert Barrierefreiheit fast nebenbei die Anpassbarkeit und Nutzbarkeit auf den meisten Lese-Geräten und Programmen.

Diese Broschüre soll Ihnen zeigen, wie Sie lesebehinderte Menschen mit barrierefreien Büchern besser erreichen. Der Text richtet sich ausdrücklich an Autoren, die eBooks insbesondere im ePub-Format erstellen und auf der Code-Ebene arbeiten möchten. Einige Tipps sind auch für die reinen Schreiber geeignet, wenn Sie aber zu jenen gehören, welche die Erstellung des eBooks Dritten überlassen, können Sie diese Broschüre an Ihren Designer weitergeben. Natürlich stellen unterschiedliche Bücher ganz verschiedene Anforderungen. So kann ein Kinderbuch ohne Farbe und Bilder kaum erfolgreich sein, in den meisten belletristischen Büchern kommen gar keine Grafiken vor und so weiter. Für belletristische Bücher ist vor allem der Abschnitt über die Textformatierung sowie die semantische Segmentierung interessant. Bei der Abfassung von Sachbüchern müssen Sie hingegen das ganze Buch lesen. Für diese Art von Büchern ist die Barrierefreiheit auch besonders wichtig. Wenn Sie Unterstützung benötigen, zögern Sie nicht, mich zu kontaktieren.

1.1   Was nicht vorkommt

ePub 3 bietet eine ganze Reihe Möglichkeiten, die in diesem Buch aus praktischen Gründen nicht behandelt werden.

Zum Beispiel bietet es sich an, Für Menschen mit Leseschwäche Audio und Text im Dokument zu synchronisieren. Das wird über die sogenannten Media Overlays ermöglicht. In der Regel werden die Autoren aber kein eigenes Audiobook erstellen. Spezielle Vorlesesoftware ist auf solche Overlays nicht angewiesen.

Es gibt auch verschiedene Möglichkeiten, die Aussprache von Wörtern festzulegen, die von den Aussprache-Regeln der Vorlese-Software nicht erfasst werden. Diese Regeln werden in sogenannten Aussprache-Wörterbüchern festgelegt. Das ist tatsächlich eine sinnvolle Entwicklung, allerdings ist mir kein Vorlese-Programm bekannt, in dem diese Regeln verarbeitet werden. Ich würde die Priorität dieser Maßnahmen als sehr gering einstufen und sehe den Ball eher bei den Entwicklern der Sprachsynthese-Software. Die Vorlese-Software von Blinden verfügt über recht gute Wörterbücher zur Regelung der Aussprache.

Für die Barrierefreiheit sind auch interaktive Elemente, wie Formulare oder Animationen wichtig. Natürlich sollten auch solche Elemente barrierefrei sein, allerdings werden sie aktuell doch relativ selten eingesetzt. Mir ist bisher noch kein interaktives eBook untergekommen.

Das Problem bei all diesen sicherlich sinnvollen Features besteht darin, dass sie von der Hilfssoftware behinderter Menschen nur unzureichend unterstützt werden. Ärgerlich ist aber auch, dass es bisher kaum Werkzeuge gibt, die dem Autor diese komplexe Arbeit erleichtern. Es gibt das Programm Tobi vom DAISY-Consortium, das bei der Synchronisierung von Text und Audio unterstützt. Für weitere Aufgaben fehlen aber bisher hilfreiche und günstige Programme. Das sieht bei den anderen hier beschriebenen Features auch nicht besser aus, die sind aber wesentlich leichter zu implementieren.

Ein anderes Problem soll nicht verschwiegen werden. eBooks sind in der Regel abwärtskompatibel, das heißt, Sie können auch mit einem älteren eBook-Reader aktuelle eBooks lesen. Allerdings können viele Features aktueller eBooks nicht genutzt werden, weil die Geräte diese Features nicht unterstützen. Das würde nur funktionieren, wenn das Leseprogramm Updates erhält, was aber vor allem bei älteren Geräten nicht mehr passiert.

Ähnliches gilt für Hilfssoftware. Wenn der eBook-Standard ein Accessibility-Feature vorsieht, es aber von der Hilfssoftware nicht unterstützt wird, kommt diese Hilfe nicht beim Nutzer an. Daran können Sie nichts ändern, es liegt an den Herstellern der Programme und den Lesern, ihre Software auf dem aktuellen Stand zu halten.

Bei einigen Maßnahmen kann ich nicht erkennen, dass Arbeitsaufwand und Ergebnis in einem sinnvollen Verhältnis zueinander stehen. Ich befürchte einfach, dass wenn der Aufwand zu hoch ist, wird der Autor gleich ganz auf Barrierefreiheit verzichten, was ich wirklich schade fände.

Sie sollten das nicht als Argument ansehen, die Barrierefreiheit zu vernachlässigen. Ein heute publiziertes eBook wird wahrscheinlich noch in fünf oder zehn Jahren online zum Verkauf stehen und Sie werden dann weder Zeit noch Lust haben, das bestehende Buch zu bearbeiten und neu einzustellen. Deswegen sollten Sie versuchen, die aktuellen Standards für die Barrierefreiheit zu erfüllen. Die hier beschriebenen Maßnahmen greifen meines Wissens nach auf allen gängigen Geräten und Lese-Anwendungen.

1.2   ePub als Format der Wahl

ePub hat sich mittlerweile als zentrales Format für elektronische Bücher durchgesetzt. Der Standard ePub 3 hat viele moderne Elemente eingeführt, die das Potential haben, die bisherige Überlegenheit des gedruckten Buches zu überflügeln.

Viele Grafiker aus dem Print-Bereich ziehen PDF als Textformat vor. PDF wurde früher vor allem zur Erstellung von Druckvorlagen verwendet, hat sich aber als zentrales Dateiformat für gestaltete Texte im Internet durchgesetzt. Es kann auf fast allen Plattformen dargestellt werden und sieht überall gleich aus.

Das hat aber auch seinen Preis. So ist es sehr schwierig, zeitaufwendig und teuer, barrierefreie PDF-Dokumente zu erzeugen.

Dazu kommt noch, dass diese barrierefreien Dokumente nur von wenigen Programmen unterstützt werden. Das heißt, auch wenn das Dokument barrierefrei gestaltet wurde, sind die entsprechenden Features für viele Leser nicht nutzbar.

ePub ist in gewissem Sinne das Gegenteil von PDF. Es ist wie eine Website dazu geschaffen, sich an die Größe des Displays anzupassen. Die Leseanwendungen für ePub erlauben eine fast grenzenlose Anpassung an individuelle Bedürfnisse. Die Dateien werden praktisch von allen Leseanwendungen unterstützt, die Ausnahme ist Amazon Kindle. Da es sich bei ePub um ein XML-Format handelt, kann es einfach in andere Formate wie Mobi oder auch PDF konvertiert werden.

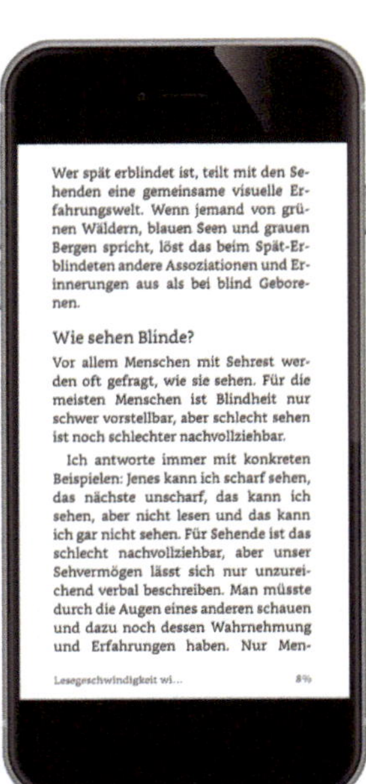

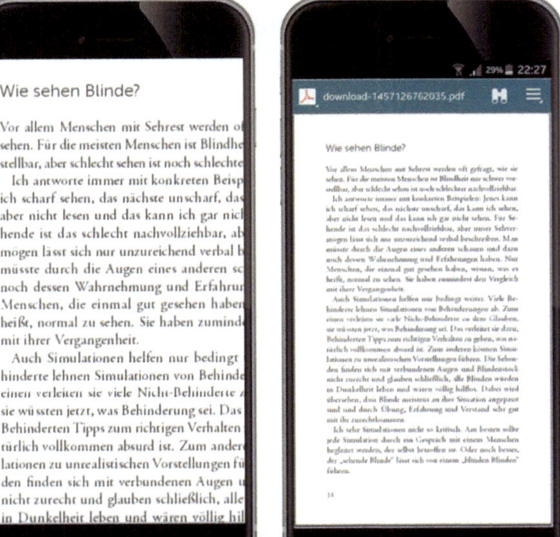

Abb. 2   Oben das ePub Format und unten das PDF Format, Komplettansicht und vergrößert (aus dem Buch: Was ist Blindheit)

Ein Nachteil aus Sicht von Grafikern und Desktop Publishern ist die schwierige Fixierung des Layouts. Es gibt zwar eBooks mit fixem Design, aber selbst diese Fixierung wird von den Leseanwendungen häufig ausgehebelt.

Es gilt das alte Sprichwort: „Der Köder muss dem Fisch schmecken, nicht dem Angler". Es wäre schade, wenn ein Leser Ihr Werk ablehnt, weil er es nicht an seine Lesegewohnheiten anpassen kann.

2.   Barrierefreiheit in eBooks

In diesem Kapitel möchte ich ein paar grundlegende Fragen behandeln. Zunächst möchte ich erläutern, wie ich einige Begriffe verwende. Danach gehe ich darauf ein, wie sich Menschen mit Behinderung Bücher zugänglich machen. Zuletzt werden wir uns ansehen, was Barrierefreiheit in eBooks eigentlich bedeutet.

2.1   Begriffe in diesem Buch

Mit eBook-Readern sind Geräte gemeint, die auf elektronischer Tinte basieren. Vor allem Bücherliebhaber greifen auf solche Geräte zurück. Aktuell können die meisten Geräte nur Graustufen darstellen. Natürlich können eBooks auch auf anderen Geräten wie Smartphones oder Tablets gelesen werden. Alle Geräte, auf denen eBooks gelesen werden können - also auch eBook-Reader - nenne ich Lesegeräte. Diese Unterscheidung ist nötig, da die meisten Geräte Farbe darstellen können, eBook-Reader aber bisher nicht.

Abb. 3   Collage von Geräten auf denen eBooks gelesen werden können

Die zahlreichen Programme, die zum Lesen von eBooks verwendet werden, wollen wir Leseanwendungen nennen. Es gibt Anwendungen für den PC, für Tablets oder für Smartphones.

Wie schon erläutert ist ePub das Format der Wahl. Die meisten hier genannten Regeln lassen sich auch auf andere Formate wie PDF anwenden. Dennoch werde ich hier nur auf ePub eingehen und ich verwende die Worte eBook und ePub synonym.

2.2   Wie behinderte Menschen Bücher lesen

Die Zahl der Vielleser dürfte unter Blinden deutlich größer sein als im Rest der Bevölkerung. Ähnliches vermute ich auch bei anderen Behinderten, wobei es dazu allerdings keine Zahlen zu geben scheint.

Auch wenn Menschen mit Behinderung an der Gesellschaft teilhaben können, ist ihre Wahrnehmungsfähigkeit oft eingeschränkt. Blinde können die visuelle Schönheit der Natur nur eingeschränkt genießen, Gehörlose nehmen das

Rauschen des Baches oder das Vogelzwitschern kaum wahr und Rollstuhlfahrer machen viele Erfahrungen nicht, die Gehende machen würden. Das Lesen ist vor allem anderen das, was der unmittelbaren Erfahrung am nächsten kommt. Schriftsteller haben gelernt, Informationen und Emotionen so zu vermitteln, dass sie den Lesern nahe gehen, ohne deren Phantasie einzuschränken, wie es Radio und Fernsehen tun. Nur die mündliche Erzählung oder die Kunst kommen dem Lesen nahe, was die Vermittlung von Emotionen und Erfahrungen angeht. Deshalb eröffnen Bücher Menschen mit und ohne Behinderung gleichermaßen Wahrnehmungswelten, die sie ansonsten nicht kennengelernt hätten. Außerdem können sich behinderte und nicht-behinderte Menschen am leichtesten über Bücher austauschen, weil sie beim Lesen eher als bei Film und Theater eine gemeinsame Wahrnehmungswelt teilen.

Abb. 4   Zwei Männer reden über ein Buch

Blinde lesen Bücher in Brailleschrift oder hören sich Hörbücher an. Sowohl Braille-Bücher als auch Hörbücher lassen sich in speziellen Bibliotheken ausleihen, Diese Medien werden kostenlos per Post verschickt. Außerdem gibt es natürlich die Hörbücher aus dem Handel, die immer häufiger auch von großen Anbietern im Internet gekauft oder gestreamt werden. Die Hörbücher der Hörbüchereien basieren auf dem DAISY-Format. DAISY-Hörbücher verfügen über eine Struktur, die sie ähnlich wie gedruckte Bücher verwendbar macht. Blinde lesen digitale Bücher mit ihrem Computer, dem Smartphone oder Tablet. Sie können sich die Texte vorlesen lassen oder eine Braillezeile verwenden, welche den Text als Blindenschrift ausgibt.

Bei Sehbehinderten hängt es von ihrer Sehkraft ab, wie sie lesen. Es gibt eine geringe Zahl von Büchern im Großdruck. Viele Sehbehinderte haben Lupen oder Bildschirm-Lesegeräte. Bei diesen Geräten werden die Texte unter eine Kamera gelegt und auf einem Bildschirm vergrößert oder mit anderem Farbkontrast dargestellt. Allerdings ist es vor allem bei dicken Büchern oft schwierig, da die Bücher nicht flach aufliegen und der Bundsteg einen Schatten wirft. Außerdem ist es wegen der Hintergrundbeleuchtung des Bildschirms extrem anstrengend. Auch viele Sehbehinderte nutzen Hörbücher oder eBook-Reader.

Schwerhörige und gehörlose Menschen können konventionelle Bücher lesen, wenn sie die Lautsprache gelernt haben. Wer gehörlos auf die Welt gekommen ist, kann aber Probleme dabei haben, die gesprochene und geschriebene Sprache zu verstehen. Die Bücher für diese Gruppe barrierefrei zu machen ist leider relativ schwierig. Im Grunde müssten die Texte in Gebärdensprache übersetzt werden. Ähnlich wie Menschen mit Lernbehinderung profitieren Gehörlose häufig von Texten in Leichter Sprache.

Motorisch eingeschränkte Menschen können Probleme dabei haben Bücher zu halten oder in ihnen zu blättern. Sie können praktisch nur digital lesen, wobei sie über Sprach- oder Augensteuerung im Buch blättern können.

Menschen mit Lernbehinderung oder geistiger Behinderung haben ähnliche Schwierigkeiten wie Gehörlose, wenn sie die Alltagssprache nicht ausreichend gut verstehen. Für diese Gruppe werden Texte in Leichte Sprache übersetzt. Die Leichte Sprache ist eine Form der Alltagssprache. Auch wenn das Thema wichtig ist, möchte ich an dieser Stelle nicht darauf eingehen, weil die Texte nicht von den Autoren selbst übersetzt werden. Wie bei der Gebärdensprache gibt es spezielle Dienstleister, die Texte in Leichte Sprache übersetzen. Mehr über die Leichte Sprache erfahren Sie auf meiner Website.

Alltagssprache	Leichte Sprache
Leitgedanke der UN-Konvention ist die Idee der Inklusion. Inklusion bedeutet, dass niemand in der Gesellschaft ausgegrenzt werden darf. Staat und Gesellschaft müssen dafür sorgen, dass Menschen mit Behinderung nicht diskriminiert und aufgrund ihrer Behinderung benachteiligt werden.	Die UN-BRK ist ein Vertrag. In dem Vertrag stehen die Rechte von Menschen mit Behinderung. In dem Vertrag steht zum Beispiel: Menschen mit Behinderung haben die gleichen Rechte, wie Menschen ohne Behinderung.

Abb. 5   Vergleich Altagssprache und Leichte Sprache

Menschen mit Lese-Rechtschreibschwäche oder Lernstörungen lesen in der Regel konventionelle Bücher, die sie aber an ihre Bedürfnisse anpassen. Bei einigen Lernstörungen ist es von Vorteil, bestimmte Schriftarten wie etwa OpenDyslexic zu verwenden. Manche Lesebehinderte ziehen es auch vor, den Text zu lesen und sich parallel vorlesen zu lassen. Funktionale Analphabeten können auf spezielle Geräte oder Programme zurückgreifen, welche die Texte mit einer elektronischen Stimme vorlesen.

Menschen mit Autismus oder dem Asperger-Syndrom versuchen Irritationen durch störende Elemente zu minimieren. Ablenkungen können zum Beispiel Animationen oder grelle Farben sein, die eher in Sachbüchern zu finden sind.

Die genannten Behinderungen oder Störungen können auch in Kombination auftreten, man spricht dann von Mehrfachbehinderungen. Mehrfachbehinderte haben nur eine eingeschränkte Auswahl an Hilfsmitteln: Taubblinde können zum Beispiel nur Texte in Braille oder digitale Texte an der Braillezeile lesen. Die Sprachausgabe, wie sie von Blinden genutzt wird, können sie nicht verwenden.

Weil es relativ wenig Hilfsmittel für sie gibt, profitieren Mehrfachbehinderte am stärksten von Barrierefreiheit in eBooks.

Abb. 6   Braillezeile

2.3   Barrierefreiheit in digitalen Dokumenten

Im Folgenden möchte ich erläutern, welche Anforderungen die Barrierefreiheit an digitale Dokumente stellt.

Trennung von Struktur und Gestaltung

Das Erste, was die meisten Leser tun werden, ist ihr Programm oder ihren Reader den persönlichen Lesevorlieben anzupassen. Sehbehinderte erhöhen die Schriftgröße, Menschen mit Leseschwäche stellen eine andere Schriftart ein und so weiter. eBook-Reader und Lese-Anwendungen erlauben eine umfangreiche Schriftanpassung.

Das heißt, Ihr Buch wird fast nie so beim Leser ankommen, wie Sie es gestaltet haben. Freuen Sie sich darüber, denn so ist es wahrscheinlicher, dass Ihr Buch auch gelesen und weiter empfohlen wird. Die Bequemlichkeit des Lesers geht immer vor den ästhetischen Ansprüchen des Autors oder Gestalters.

Verzichten Sie deshalb auf komplexe Gestaltungselemente. Die Fähigkeiten der Reader bei der Schriftbildanpassung sind sehr unterschiedlich. Eine komplexe Formatierung kann dazu führen, dass das Buch schlecht lesbar und anpassbar ist. Zudem kennen sich nicht alle Nutzer gut genug mit ihrem Gerät aus, um die nötigen Anpassungen selbst vorzunehmen. Die Anpassbarkeit ist also keine Entschuldigung dafür, ein schlecht lesbares Dokument zu veröffentlichen. Viele Leute schauen sich auch Leseproben in Anwendungen wie Amazon Blick ins Buch oder Google Books an, dort können sie das Design nicht anpassen. Es kann tatsächlich passieren, dass sich jemand gegen den Kauf eines Buches entscheidet, weil ihm das Layout nicht gefällt. Denken Sie über Ihr eigenes Kaufverhalten nach.

Die Trennung von Struktur und Gestaltung hängt stark mit dem Thema Semantik zusammen. Die Struktur-Elemente besagen, welche Rolle ein bestimmtes Element innerhalb eines Dokuments hat. Eine Überschrift vermittelt dabei sowohl auf der visuellen als auch auf der strukturellen Ebene, dass sie eine Überschrift ist. Dasselbe gilt für alle weiteren semantischen Elemente.

Das Mehrkanal-Prinzip

Das Mehrkanal-Prinzip besagt, dass eine Information über mindestens zwei Sinne zugänglich sein sollte. Das heißt zum Beispiel, dass in einem Video gesprochener Text per Untertitel vermittelt wird oder Grafiken einen Alternativtext für Blinde haben.

Abb. 7   Gesprocherer Text als Untertitel in einem Video

Abb. 8   Alternativtext für Blinde: Eine Barriere, dargestellt durch einen Riss im Boden, wird von einem grünen Pfeil überbrückt, über den eine grafische menschliche Figur läuft und die Barriere somit überwindet.

Das ist bei Texten nicht ohne weiteres machbar. Auf der inhaltlichen Ebene können Sie aber durchaus Hilfen einbauen, die das Verständnis erleichtern.

Dazu gehört zum Beispiel die Ergänzung schwer verständlicher Sachverhalte durch Grafiken oder Illustrationen. Sie wissen vielleicht, dass Menschen unterschiedliche Informationskanäle bevorzugen. Visuelle Menschen schauen sich lieber Grafiken an, andere ziehen Texte vor. Für viele ist es einfacher, Informationen zu verstehen, wenn Sie textlich und grafisch vermittelt werden.

Eine andere Möglichkeit um die Verständlichkeit zu unterstützen, sind inhaltliche Wiederholungen, die normalerweise verpönt sind. Allerdings enthalten Sachbücher so viele Informationen, dass zahlreiche Leser davon profitieren, wenn komplexe Sachverhalte anders formuliert wiederholt werden. Wissenschaftliche Sach- und Lehrbücher werden normalerweise nicht von vorne bis hinten durchgelesen, so dass viele Informationen beim oberflächlichen Lesen verloren gehen.

Das Mehrkanal-Prinzip meint aber auch, dass eine Information nicht nur auf einer Ebene vermittelt wird, was im Buch das Textliche wäre. Die Einrückung eines Textblocks ist für den Blinden nicht erkennbar, während ein Sehender sofort sieht, dass es sich um ein Zitat handelt. Für den Blinden wird das Mehrkanal-Prinzip über die Semantik erfüllt. Für andere Gruppen sind andere Hilfen jenseits der Textformatierung denkbar. Viele vor allem wissenschaftliche Bücher verwenden Symbole, um die Bedeutung bestimmter Abschnitte zu vermitteln. So kann ein wichtiger Block beispielsweise mit einem Ausrufezeichen gekennzeichnet werden, während ein Aufgabenblock mit einem Fragezeichen markiert wird. Das ist zugegebenermaßen nicht gerade subtil, aber für Manche ist es hilfreich.

Semantik

Die Semantik erlaubt es einem Programm, die Aufgabe eines Elements automatisch zu ermitteln. Sie können einen Text ein wenig fetten und vergrößern, um zu zeigen, dass es sich um eine Überschrift handelt. Für Blinde ist das aber nicht erkennbar. Für sie ist es wichtig, dass eine Überschrift über HTML als Überschrift kenntlich gemacht wird.

Diese semantischen Elemente sind gemeinsam mit der Trennung von Struktur und Gestaltung entscheidend dafür, dass Dokumente barrierefrei sind. Die Trennung von Struktur und Gestaltung lässt sich auch ohne Semantik vornehmen, dann kann aber nicht mehr von einem barrierefreien Buch gesprochen werden.

Mit Semantik ist auch gemeint, dass die Elemente nur ihrer Aufgabe gemäß eingesetzt werden. Man kann zum Beispiel das Zitat-Element verwenden, um einen Text einzurücken. Das verwirrt aber nur die Leser und kann auch eine Ursache für eine fehlerhafte Darstellung sein.

Diese Elemente bringen auch handfeste Vorteile für die visuelle Gestaltung. Sie können als Schablone für das Design verwendet werden. Sie kennen das als Formatvorlage aus der Textverarbeitung. Wenn Sie zum Beispiel ein Element als Überschrift formatiert haben, genügen ein paar Zeilen CSS, um sämtliche H1-Überschriften zu verändern. Über CSS-Klassen haben Sie aber auch die Möglichkeit, verschiedene Designs für die H1 festzulegen, wenn sie zum Beispiel in unterschiedlichen Zusammenhängen verwendet wird.

Semantische Elemente gibt es auch auf der Ebene der Kapitel sowie auf der Buch-Ebene. So können Abschnitte im Buch als Kapitel, Vorwort, Index oder Impressum gekennzeichnet werden, um den schnellen Zugriff auf diese Bereiche zu erleichtern. In den Dokument-Eigenschaften können Informationen abgelegt werden, wie sie in Buch-Datenbanken verwendet werden: Autor, Titel, ISBN und so weiter. Diese Metadaten werden auch in den meisten Lese-Geräten anstelle des Dateinamens angezeigt.

Verständlichkeit

Es leuchtet ohne Weiteres ein, dass ein Text so verständlich wie möglich sein sollte. Selbst Experten können nur ein gewisses Maß an Komplexität verarbeiten.

Da ich das Thema Verständlichkeit ausführlich in meinem Buch „Barrierefreiheit im Internet" behandelt habe, möchte ich an dieser Stelle nicht mehr so intensiv darauf eingehen. Sie sollten sich vor Augen halten: Je verständlicher Ihr Buch ist, desto größer ist auch die potentielle Käuferschaft.

Der zweite Aspekt neben der inhaltlichen Verständlichkeit, ist die verständliche Darstellung auf der visuellen Ebene. Wenn die Absätze aneinander kleben, die Informationen schlecht strukturiert sind oder die Darstellung zu komplex ist, sinkt auch die Verständlichkeit.

Navigationshilfen

Je länger und komplexer das Dokument ist, desto wichtiger sind Navigationshilfen. Dazu gehört nicht nur das Inhaltsverzeichnis.

Wenn Sie nicht alle Überschrift-Ebenen benötigen, können Sie untergeordnete Überschriften wie etwa die <h6> dazu verwenden, Tabellen und Grafiken zu indizieren. Diese Elemente tauchen normalerweise nicht im Inhaltsverzeichnis auf, können aber in ein eigenes Tabellen- und Abbildungsverzeichnis aufgenommen werden. Denken Sie aber daran, dass es in einem ePub immer nur ein reguläres Inhaltsverzeichnis gibt.

In einigen Fällen kann es sinnvoll sein, das Abbildungs- und Tabellenverzeichnis in das Inhaltsverzeichnis zu integrieren. Visuell orientierte Menschen studieren lieber Grafiken als Texte. Alle Verzeichnisse sollten in das reguläre Inhaltsverzeichnis aufgenommen werden.

Zu den unterstützenden Zusätzen gehören auch ein Index oder ein Glossar. Sie erleichtern es, sich schnell und gezielt durch den Text zu bewegen.

Lesefluss und logische Lesereihenfolge

Die Lesereihenfolge legt fest, in welcher Reihenfolge Textblöcke vorgelesen werden. Normalerweise haben Sie einen einheitlichen Lesefluss. Daher ergibt sich die Frage nicht, in welcher Reihenfolge die einzelnen Textbausteine gelesen werden.

Anders sieht es aus, wenn Sie einen mehrspaltigen Text oder eine Marginalspalte einsetzen. Für Sie ist eindeutig erkennbar, welcher Kommentar zu welchem Textabschnitt gehört, für Blinde ist es das nicht. Es kann durchaus passieren, dass zuerst alle Texte der Marginalspalte vorgelesen werden und dann die Texte in der Hauptspalte. Bei PDFs kommt es häufig vor, dass die Kopf oder Fußzeile auf jeder neuen Seite vorgelesen wird, obwohl der Leser diese Information an dieser Stelle nicht benötigt. Dadurch wird der Lesefluss gestört, der Leser verliert den Faden. Deswegen ist es wichtig, solche Elemente aus dem Lesefluss heraus zu nehmen.

In der Leichten Sprache werden Informationen textlich und visuell durch Grafiken oder Illustrationen vermittelt. Auch dabei ist es wichtig, Text und zugehörige Grafik eindeutig einander zuordnen zu können.

Das bisschen Haushalt

Als Blinder kann ich meine Mitmenschen mit einem einfachen Trick jeden Tag überraschen. Ich zähle mein Kleingeld mit den Fingern. Wenn du Lust hast, mach einfach kurz mit und greif in dein Portemonnaie. Du hast vielleicht schon bemerkt, dass sich jede Münze ein wenig anders anfühlt, aber hast du schon mal bewusst darauf geachtet? Bei den größeren Münzen sind die Ränder unterschiedlich geriffelt. So kommt es, dass Blinde ihr Kleingeld gar nicht aus dem Portemonnaie kramen müssen, sie zählen nach Gefühl, im wahrsten Sinne des Wortes. Diese und andere Fähigkeiten, die für den Alltag wichtig sind nennt man in der Rehabilitation «lebenspraktische Fertigkeiten» (LPF).

Es gibt einige einfache Tricks, die einem Blinden das Leben extrem erleichtern. Das Plätschern beim Eingießen verrät zum Beispiel, wie voll die Tasse ist. Wenn man die Gegenstände immer am gleichen Platz ablegt, findet man sie meistens schnell wieder. Ich habe überall einen festen Platz für mein Handy, mei-nen Schlüssel und andere Dinge, die ich täglich benötige. Schwierig wird es erst, wenn jemand diese Gegenstände wegnimmt und anderswo platziert, das ist eine gute Möglichkeit, wenn man Blinde ärger will. Ich habe schon stundenlang nach Sachen gesucht, die einfach nur einen halben Meter von ihrem Stammplatz entfernt waren.

Abb. 9   Visualisierung einer Marginalspalte

Das bisschen Haushalt

Wie zählen Blinde eigentlich Ihr Geld? Wie kann man sich etwas zum Trinken eingießen ohne etwas zu sehen?

Als Blinder kann ich meine Mitmenschen mit einem einfachen Trick jeden Tag überraschen. Ich zähle mein Kleingeld mit den Fingern. Wenn du Lust hast, mach einfach kurz mit und greif in dein Portemonnaie. Du hast vielleicht schon bemerkt, dass sich jede Münze ein wenig anders anfühlt, aber hast du schon mal bewusst darauf geachtet? Bei den größeren Münzen sind die Ränder unterschiedlich geriffelt. So kommt es, dass Blinde ihr Kleingeld gar nicht aus dem Portemonnaie kramen müssen, sie zählen nach Gefühl, im wahrsten Sinne des Wortes. Diese und andere Fähigkeiten, die für den Alltag wichtig sind nennt man in der Rehabilitation «lebenspraktische Fertigkeiten» (LPF).

Es gibt einige einfache Tricks, die einem Blinden das Leben extrem erleichtern. Das Plätschern beim Eingießen verrät zum Beispiel, wie voll die Tasse ist. Wenn man die Gegenstände immer am gleichen Platz ablegt, findet man sie meistens schnell wieder. Ich habe überall einen festen Platz für mein Handy, mei-nen Schlüssel und andere Dinge, die ich täglich benötige. Schwierig wird es erst, wenn jemand diese Gegenstände wegnimmt und anderswo platziert, das ist eine gute Möglichkeit, wenn man Blinde ärger will. Ich habe schon stundenlang nach Sachen gesucht, die einfach nur einen halben Meter von ihrem Stammplatz entfernt waren.

Abb. 10 Visualisierung einer Marginalspalte wie sie für Blinde vorgelesen wird, wenn die Lesereihenfolge nicht korrekt festgelegt wurde

Orthographie und Zeichensetzung

Natürlich werden Sie Rechtschreibung und Grammatik gründlich überprüfen, aber wussten Sie auch, dass das die Barrierefreiheit verbessert?

Die heutigen Vorleseprogramme verfügen über große Wörterbücher, in denen es klare Informationen dazu gibt, wie bestimmte Wörter ausgesprochen werden. Das kann aber auch dazu führen, dass Fremdwörter gar nicht verstanden werden, weil sie wegen eines Tippfehlers falsch ausgesprochen werden. Das gilt nicht nur für Fremdwörter: So wird der „Weg" anders ausgesprochen als das Wort „weg".

Die Satzzeichen spielen ebenfalls eine große Rolle bei der Aussprache. Lesen Sie einmal einen Text laut vor. Sie werden feststellen, dass Sie beim Komma automatisch eine kleine Atempause machen und beim Punkt die Stimme leicht runtergeht. Die Sprachausgabe macht das ebenfalls. Diese kleine Pause hilft dem Leser und Hörer dabei, das Gesprochene kurz zu verarbeiten und sich einzuprägen. Deshalb ist das Fehlen solcher Satzzeichen störend.

Achten Sie auch darauf, die korrekten Zeichen zu setzen. Ein normaler Leser mag nicht den Unterschied zwischen drei Punkten und der Ellipse erkennen können. In Braille ist die Ellipse ein eigenes Zeichen, während drei Punkte auch als drei Satzzeichen dargestellt werden. Auch für den Bindestrich und den Gedankenstrich gibt es in Braille jeweils unterschiedliche Zeichen.

Außerdem können Tippfehler die Lesbarkeit verschlechtern. Sie kennen das vielleicht: Man stolpert leicht über falsch geschriebene Wörter. Das gehört zu den Irritationen, die wir vermeiden wollen.

Häufig wird diskutiert, wann ein Bindestrich sinnvoll ist. Bindestriche sind vor allem in langen zusammengesetzten Wörtern sinnvoll, sofern die Konvention diese Bindestriche nicht verbietet. Das kann zum Beispiel bei Eigennamen der

Fall sein. Zusammengesetzte Wörter werden dadurch lesbarer, weil zuerst der erste Teil, dann der zweite Teil des Wortes gelesen werden kann.

Egal, was Sie machen, wenn Sie sich einmal entschieden haben, sollten Sie das beibehalten. In diesem Fall ist es meiner Ansicht nach in Ordnung, Regeln nicht einzuhalten, wenn dadurch die Lesbarkeit erhöht wird. Korrekte Orthographie ist kein Wert an sich und niemand außer öffentlichen Einrichtungen und Schulen ist rechtlich dazu verpflichtet, sich daran zu halten.

Konsistenz und Konventionen

Mit der konsistenten Gestaltung ist gemeint, dass ähnliche Elemente ähnliche Aufgaben im Buch übernehmen.

Auf der einen Seite ist es sinnvoll, so wenige Gestaltungs-Elemente wie möglich zu verwenden. Es gibt einige Arten, Texte hervorzuheben, aber häufig werden sie kunterbunt durcheinander verwendet. Oftmals versteht der Leser nicht, was der Autor mit der Hervorhebung eigentlich sagen will: Ist die Stelle besonders wichtig, ist es eine Anspielung, ein Zitat oder Ironie? Je weniger Gestaltungs-Elemente Sie verwenden, desto geringer ist auch die Gefahr von Formatierungsfehlern.

Mit konsistenter Gestaltung ist auch gemeint, dass Wörter nicht in unterschiedlichen Schreibweisen auftauchen sollten. Das wird auch als Konvention bezeichnet.

Bei Konventionen handelt es sich um geschriebene oder ungeschriebene Regeln. Eine Konvention im Druckbereich ist, dass der Buch-Inhalt immer auf einer ungeraden Seite beginnt.

Allerdings sind Konventionen nur sinnvoll, wenn sie dem Leser helfen oder ihn zumindest nicht stören. Andererseits müssen Sie sich in bestimmten Bereichen an Konventionen halten. Im wissenschaftlichen Bereich wird auf eine bestimmte Weise zitiert, Behörden-Dokumente verlangen eine bestimmte Form und so weiter. Achten Sie aber darauf, dass Sie diese Konventionen konsistent im ganzen Dokument umsetzen. Wenn Sie sich zum Beispiel für eine bestimmte Form der Hervorhebung entschieden haben, sollte diese im gesamten Dokument durchgehalten werden.

3.　Der Schreibprozess

Bei der Erstellung eines eBooks gibt es zwei große Phasen: Die Schreibphase und die Gestaltungsphase. Ich empfehle Ihnen, diese beiden Arbeitsschritte zu trennen. Das hat mehrere Vorteile:

Abb. 11　Gegeüberstelleung: kreative und sachliche Arbeit

- Das Schreiben ist eine kreative Arbeit, während das Formatieren eine eher sachbezogene Aufgabe ist.
- Für die Barrierefreiheit ist es wichtiger, dass ein grundlegendes Prinzip darin besteht, Gestaltung und Struktur zu trennen. Die meisten Textverarbeitungsprogramme sind dafür ungeeignet. Es ergeben sich ganz handfeste Probleme wie eine uneinheitliche Formatierung. Es lohnt sich deshalb nicht, die Feinformatierung in der Textverarbeitung vorzunehmen.

Wie bereits erwähnt empfehle ich, den Prozess des Schreibens und der Gestaltung zu trennen. Das Schreiben des Textes steht in diesem Buch nicht im Vordergrund. Ich empfehle zu diesem Thema mein Buch „Barrierefreiheit im Internet". An dieser Stelle möchte ich nur auf einige Aspekte eingehen, die bei der Gestaltung barrierefreier Texte von Bedeutung sind.

Es gibt einige Fehler beim Schreiben von Texten, die eine Unart der Textverarbeitung sind. So neigt man dazu, Abstände durch Leerzeichen, Return oder Tabulator zu erzeugen. Zu den häufigen Fehlern gehört auch das Erzeugen von Versalien durch das Halten der Umschalt- oder Shift-Taste. Die Shift-Taste ist dazu da, um einzelne Großbuchstaben zu erzeugen. Für Texte in Versalien gibt es spezielle Gestaltbefehle. Texte in Großbuchstaben werden von vielen Vorleseprogrammen buchstabiert oder anders betont als normaler Fließtext. Auch die Verwendung des Bindestrichs oder Aufzählungszeichens für Listen ist nicht sinnvoll. Die manuelle Silbentrennung macht nicht nur viel Arbeit, sondern verschlechtert auch die Barrierefreiheit. Sie erhöht die kognitiven Anforderungen an die Leser: Langsame Leser haben Schwierigkeiten dabei, sich lange Wortbestandteile zu merken und verlieren beim Zeilenwechsel die Übersicht. Blinde kriegen oftmals zerhackte Wörter mit Bindestrichen vorgelesen, was auch den gutwilligsten Leser zur Weißglut treibt. Überlassen Sie es den Lesern, die automatische Silbentrennung zu aktivieren oder zu deaktivieren.

Jede Textverarbeitung bietet auch die Möglichkeit, Formatierungs-Fehler über die Suchen-und-Ersetzen-Funktion oder ein Makro automatisch zu korrigieren.

Um den Text übersichtlicher zu gestalten, können Sie in Ihrem Schreibprogramm den Text Ihren Vorlieben entsprechend formatieren. Verwenden Sie dazu am besten die vorhandenen Formatvorlagen. Wenn Sie das einmal verinnerlicht haben, geht das schnell von der Hand.

Sie sollten so viele Arbeitsschritte wie möglich automatisieren, um sich Arbeit zu sparen. Sie können zum Beispiel eine

Formatvorlage anlegen, um doppelte Absätze oder Leerzeichen zu vermeiden. Häufige Rechtschreibfehler können ebenso von der Autokorrektur erfasst werden wie Wörter, bei denen Sie zu unterschiedlichen Schreibweisen neigen. Wenn Sie zu Abkürzungen wie z.B. neigen, diese aber vermeiden wollen, erstellen Sie einfach einen Autokorrektur-Eintrag, der aus Ihrem „z.B." ein „zum Beispiel" macht. Wenn Sie bestimmte Formulierungen wie „Behinderte" vermeiden wollen, können Sie das entweder automatisch korrigieren lassen oder Sie erstellen sich ein Makro, das solche Formulierungen farbig hervorhebt. Diese können Sie dann bei der Überarbeitung des Textes korrigieren.

Im Schreibprozess können Sie auch damit beginnen, Wörter für einen Index zu sammeln. Schreiben Sie alle Wörter auf, die Sie für relevant halten. Zwar bieten Textverarbeitungen die Möglichkeit Indizes anzulegen, diese sind aber für die, in diesem Buch vorgeschlagene Arbeitsweise, nicht verwendbar.

4. Gestaltung und Formatierung

Nachdem Sie den Schreibprozess abgeschlossen haben, geht es an die Formatierung des Inhalts. Wenn Sie die Formatvorlagen des Schreibprogramms für Überschriften, Listen und so weiter übernommen haben, haben Sie zwei Möglichkeiten:

- Sie können versuchen, diese Formatierungen zu übernehmen und in der Autorensoftware anzupassen.
- Oder Sie löschen die Formatierung des Textes und formatieren ihn im Editierprogramm komplett neu.

Für einfache Texte empfehle ich Ihnen die letztere Methode, da dies zu weniger Darstellungsfehlern führt. Zwar bietet Word zum Beispiel den Export in „Gefiltertes HTML", das Ergebnis ist aber kaum brauchbar. Auch spezielle Erweiterungen zum Export in ePub taugen meiner Erfahrung nach wenig.

Für die Gestaltung und Formatierung von Texten ist es empfehlenswert, sich mit HTML und CSS auszukennen. Es geht generell auch ohne solche Kenntnisse, aber es ist einfacher, Darstellungsfehler auf der Code-Ebene zu finden.

Für Menschen, die sich mit HTML und CSS auskennen und sich trauen, den Code wenn nötig händisch zu editieren, empfehle ich die kostenlose Anwendung SIGIL. SIGIL ist ein Open-Source-Programm, das für Windows, Mac und Linux zur Verfügung steht.

SIGIL enthält zwar einen visuellen Modus, aber viele Features, die ePub bietet, können auf diesem Wege nicht eingefügt werden. Daher ist es wichtig, sich mit dem Quellcode zu beschäftigen.

Ich unterscheide in diesem Buch zwei Arten der Formatierung: Die Feinformatierung findet auf der Ebene einzelner Textbausteine statt. Dabei geht es um Überschriften, Listen oder Absätze. Die Grobformatierung findet auf der Buchebene statt und teilt das Buch in semantische Abschnitte ein, fügt Meta-Informationen hinzu und so weiter.

4.1   Die Feinformatierung

Nach dem Ende des Schreibprozesses können Sie sich an die Gestaltung und Formatierung des Textes wagen. Diese beiden Aufgaben können parallel erledigt werden.

Sie formatieren zum Beispiel alle Überschriften der Ebene 1 mit den HTML-Tag <h1>. Um das Aussehen zu gestalten, greifen Sie auf CSS zurück. Sie legen zum Beispiel eine Klasse für alle Überschriften der Ebene 1 fest und kümmern sich dann um das Layout in der CSS-Datei.

Überschriften

Kernelement jedes längeren Textes sind die Überschriften. Sie strukturieren den Text und erleichtern die Navigation durch das Dokument.

In literarischen Texten gibt es normalerweise nur eine Überschriftenebene. Verwenden Sie also eine Überschrift der Ebene 1, um alle Ihre Kapitel zu kennzeichnen. Dabei ist es egal, ob Sie ausführliche deskriptive Überschriften, einfache Kapitelübergänge oder lediglich Ziffern verwenden. Deskriptive Überschriften sind im Sinne der Barrierefreiheit, weil sie es erleichtern, eine gelesene Stelle wiederzufinden bzw. die Kapitel zu unterscheiden. Sie sollten, außer bei sehr kurzen Texten wie Kurzgeschichten, immer Zwischenüberschriften einsetzen, um die Orientierung in langen Texten zu erleichtern. Dafür reicht auch eine einfache Nummerierung wie I, II, III…

In Sachbüchern kommen Überschriften unterschiedlicher Ebenen zum Tragen. Für die einzelnen Kapitel werden die Überschriften der Ebene 1 verwendet, für die untergeordneten Abschnitte die Ebene 2 und so weiter. Das nennt man die Überschriften-Hierarchie. Überschriften der Ebene 1 sind wichtiger als Überschriften der Ebene 2 und so weiter. In HTML sind sechs Überschriftenebenen vorgesehen, die in der Regel ausreichen sollten.

Achten Sie darauf, dass die Überschriften ausreichend gut vom Fließtext unterscheidbar sind. Es ist auch sinnvoll, die einzelnen Überschriften-Ebenen gut unterscheidbar zu machen. Hier ist in der Regel die Nummerierung ausreichend: So ist der Abschnitt 2.1.3 ein Unterelement vom Abschnitt 2.1., was wiederum ein Unterelement des Abschnitts 2 ist.

Wie schon erläutert, sind die Überschriften unterschiedlich groß. Überschriften der Ebene 1 haben einen höheren Schriftgrad als Überschriften der Ebene 2 und so weiter. Dabei muss man es auch nicht übertreiben: Wenn eine Überschrift zu groß dargestellt wird und etwas länger ausfällt, zieht sie sich bei Vergrößerung schnell über mehrere Zeilen, verschlechtert die Erfassbarkeit und nimmt außerdem viel Platz auf dem Display weg. Heute wirken überlange Überschriften antiquiert.

Inhaltsverzeichnis

Abb. 12   Überschriftenebenen (aus dem Buch: Barrierefreiheit im Internet)

Listen

In Sachbüchern kommen häufig Listen vor. Vermeiden Sie es Aufzählungen in den Fließtext einzubauen, da das schnell unübersichtlich wird.

Es gibt drei Formen von Listen. Der häufigste Fall ist die

unnummerierte Liste, die durch Listenpunkte gekennzeichnet ist.

Daneben gibt es die nummerierte Liste, bei der automatisch eine Ziffer oder ein Buchstabe vor den Listenpunkt eingefügt wird. Über CSS können Sie die Darstellung der Liste und der Nummerierung Ihren Wünschen anpassen.

Sie können Bilder und Visualisierungen verwenden, um zum Beispiel:	Sie können Bilder und Visualisierungen verwenden, um zum Beispiel:
• die Attraktivität des Textes zu erhöhen	1. Die Attraktivität des Textes zu erhöhen
• die Aufmerksamkeit auf bestimmte Bereiche des Textes zu lenken	2. Die Aufmerksamkeit auf bestimmte Bereiche des Textes zu lenken
• schwer verständliche Sachverhalte zu veranschaulichen	3. Schwer verständliche Sachverhalte zu veranschaulichen
• die emotionale Verbundenheit zu erhöhen	4. Die emotionale Verbundenheit zu erhöhen
• die Merkleistung zu unterstützen	5. Die Merkleistung zu unterstützen
• eine Leseschwäche durch Veranschaulichung auszugleichen	6. Eine Leseschwäche durch Veranschaulichung auszugleichen

Abb. 13   Nummerierte und unnummerierte Liste

Selten verwendet wird die sogenannte Definitionsliste. Bei der Definitionsliste wird zunächst ein Begriff genannt und anschließend dessen Definition. Das kann zum Beispiel bei Vokabeln oder eben Definitionen nützlich sein. Bei der Definitionsliste wird standardmäßig ein Umbruch zwischen Definitionsausdruck und Definition erzeugt, den Sie aber über CSS wieder deaktivieren können.

Hervorhebung und Unterstreichung

Hervorhebungen wie kursiv oder Fettdruck sollten sparsam eingesetzt werden. Die Kursivstellung verschlechtert die Lesbarkeit, der Fettdruck wird häufig übersehen.

Wegen der Trennung von Struktur und Gestaltung gilt es heute als verpönt, Hervorhebungen über die HTML-Tags für fett und kursiv vorzunehmen. HTML bietet anstelle der Formatierungs-Tags das sogenannte <strong> Element. Dabei wird der hervorzuhebende Text mit dem <strong> Element formatiert und dann über CSS gestaltet. Der Vorteil ist, dass damit alle Hervorhebungen auf einen Schlag einheitlich gestaltet werden können.

Texte werden im digitalen Bereich nicht unterstrichen, weil Unterstreichung suggeriert, dass es sich um einen Link handelt. Links hingegen sollten immer unterstrichen werden, damit die Nutzer erkennen, dass es sich um einen Link handelt.

Links

Links werden in Büchern und eBooks eher sparsam eingesetzt. Die meisten Leser haben kein Interesse daran, lange kryptische Links abzutippen, Oft haben sie auch keine brauchbare Internet-Verbindung am Gerät.

Links sollten immer unterstrichen und farbig hervorgehoben werden. Bei der Farbwahl ist darauf zu achten, dass der Link auch auf einem Graustufen-Display gut lesbar und als Link erkennbar ist.

Generell ist es sinnvoll, den Link entweder in den jeweiligen Kontext einzubetten oder an das Ende des Kapitels zu stellen. Wenn es sich um Quellenverweise handelt, wie sie in wissenschaftlichen Arbeiten üblich sind, ist eine Endnote das Mittel der Wahl.

Bei Fuß- oder Endnoten handelt es sich um interne Links, die es erlauben, zwischen der kommentierten Stelle und der Anmerkung hin- und herzuspringen.

Dem Leser sollte immer klar sein, worauf verlinkt wird. So stört es auf mobilen Geräten, wenn große Dateien wie PDF heruntergeladen werden oder ein Video-Clip startet.

Fremdsprachige Ausdrücke, Abkürzungen und Akronyme

Aus verschiedenen Gründen kann es sinnvoll sein, Abkürzungen, Akronyme oder fremdsprachige Ausdrücke in HTML zu kennzeichnen.

Dabei wird einer Abkürzung über HTML die Information hinzugefügt, welcher Begriff abgekürzt wird.

Einige Verordnungen wie die BITV 2.0 schreiben die Kennzeichnung solcher Ausdrücke vor. Mit ein paar Tricks können Sie sich die Arbeit wesentlich erleichtern.

Dafür benötigen Sie eine Liste der Abkürzungen und Akronyme, die Sie in Ihrem Dokument verwenden. Wenn Sie eine nennenswerte Zahl von Abkürzungen verwenden, die im allgemeinen Sprachgebrauch selten vorkommen, lohnt sich ohnehin die Anlage eines Abkürzungsverzeichnisses.

Nun gehen Sie folgendermaßen vor: Sie wechseln in einen Modus, in dem Sie den Quellcode bearbeiten können. Dort finden Sie bei praktisch allen Editoren eine Funktion namens „Suchen und Ersetzen". Geben Sie im Suchfeld Ihre Abkürzung ein und im unteren Feld den kompletten Quellcode für die Abkürzung. Klicken Sie dann auf alle ersetzen. Achten Sie darauf, dass Sie alles richtig geschrieben haben und nicht etwa zu viele Leerzeichen eingefügt haben. Die Suchen-und-Ersetzen-Funktion lässt sich oft nicht rückgängig machen. Achten Sie darauf, dass nur ganze Wörter ersetzt werden, Die Zeichenkette UNO zum Beispiel ist häufig auch Bestandteil anderer Wörter, die nichts mit der UNO zu tun haben.

Ähnlich können Sie auch bei fremdsprachigen Ausdrücken vorgehen. Auch dabei ist es sinnvoll, nur Begriffe auszuzeichnen, die nicht geläufig sind.

Die Auszeichnung fremdsprachiger Ausdrücke ist aus meiner Sicht nur bei längeren Textpassagen und wenigen Sprachen wie Englisch oder Französisch sinnvoll. Wenn ein Wort auf Arabisch oder Polnisch vorgelesen wird, werden die Nutzer, die die Sprache nicht kennen dieses Wort nicht verstehen.

Die Priorität solcher Auszeichnungen würde ich im Übrigen als gering einstufen. Für den Nutzer bringt es in der Regel keinen Vorteil, den Wortlaut der Abkürzung zu kennen. Entweder weiß er, was die NATO ist oder er weiß es nicht. Er hat keinen Erkenntnisgewinn, wenn er weiß, dass NATO für „North Atlantic Treaty Organisation" steht. Wenn Sie also nicht müssen, können Sie es auch sein lassen.

Zitate

Für Zitate gibt es in HTML die Elemente <blockquote> und <cite>. Mit <cite> können Sie Zitate kennzeichnen, die Bestandteil eines Satzes sind. Mit <blockquote> können Sie längere Zitate kennzeichnen, die einen eigenen Absatz bilden.

5.   Textsatz und Textfluss

Ich empfehle den linksbündigen Flattersatz, diese Ausrichtung erlaubt den besten Lesefluss. Der Blocksatz wirkt sich negativ auf die Lesbarkeit aus, insbesondere bei starker Vergrößerung entstehen große Lücken im Text, die die Orientierung erschweren. Die unterschiedlichen Zeilenlängen im Text erleichtern die Orientierung. Der Leser findet eine Textstelle leichter wieder, wenn er sich an den unterschiedlichen Zeilenlängen orientiert als wenn er jeden Absatz anlesen muss.

Blinde und Sport

Der Behindertensport hat viele Jahre lang ein Schattendasein gefristet. Dabei ist er ebenso vielfältig wie der Sport Sehender.

Blinde können oft die gleichen Sportarten wie Sehende ausüben. So gibt es einige erfolgreiche blinde Kampfsportler, insbesondere in Judo und Karate. Daneben sind viele Sportarten problemlos machbar, bei denen man nicht direkt sehen muss, zum Beispiel Segeln, Rudern oder Paddeln. Klettern und Bergsteigen sind ebenfalls beliebt. Der blinde Bergsteiger Eric Weihenmayer hat eine eigene Technik entwickelt, um auch hohe Berge selbstständig besteigen zu können.

Abb. 14   Visualisierung: Blocksatz (aus dem Buch: Was ist Blindheit)

Blinde und Sport

Der Behindertensport hat viele Jahre lang ein Schattendasein gefristet. Dabei ist er ebenso vielfältig wie der Sport Sehender.

Blinde können oft die gleichen Sportarten wie Sehende ausüben. So gibt es einige erfolgreiche blinde Kampfsportler, insbesondere in Judo und Karate. Daneben sind viele Sportarten problemlos machbar, bei denen man nicht direkt sehen muss, zum Beispiel Segeln, Rudern oder Paddeln. Klettern und Bergsteigen sind ebenfalls beliebt. Der blinde Bergsteiger Eric Weihenmayer hat eine eigene Technik entwickelt, um auch hohe Berge selbstständig besteigen zu können.

Abb. 15   Visualisierung: linksbündiger Flattersatz (aus dem Buch: Was ist Blindheit)

Hängende Absätze sind ebenfalls sinnvoll. Dabei wird die erste Zeile eines Absatzes leicht eingerückt. Das erleichtert es, den Beginn eines neuen Absatzes zu finden, wenn man der visuellen Achse auf der linken Seite folgt. Alternativ kann auch ein leichter Abstand zwischen den Absätzen eingefügt werden, eine dieser Methoden ist ausreichend. Das Einrücken der ersten Zeile dürfte die bevorzugte Methode sein, da die Abstände zwischen den Absätzen auf kleinen Displays viel Platz wegnehmen.

Weitere Gestaltungselemente wie Kapitälchen oder eine Marginalspalte sind heute in eBooks bisher kaum verbreitet. Eine Marginalspalte kann grundsätzlich sinnvoll sein, allerdings nur bei großen Displays. Entsprechende Reader sind selten, so dass Marginalspalten aktuell nicht empfehlenswert sind. Sie haben aber in Sachbüchern aus inhaltlicher Sicht durchaus Vorteile: So erleichtern sie das Überfliegen des Textes, indem sie das Behandelte kurz zusammenfassen. Wenn Sie Marginalspalten verwenden, achten Sie auf die korrekte Linearisierung. Das heißt, wenn alles in einer Spalte landet, sollte zum einen die Reihenfolge der Texte korrekt sein und zum Anderen sollte klar sein, welcher Text zu welcher Stelle gehört. Die richtige Reihenfolge kann in der Regel durch die Abfolge der Elemente im Quelltext gesichert werden. Die Zusammengehörigkeit von Elementen wird dadurch sicher gestellt, dass zusammengehörige Elemente über DIV-Container und über Abstände kontrolliert werden.

Die Auswahl der Schrift

Bei der Auswahl der Schrift sollten Sie nicht zu kreativ sein. Im Allgemeinen wird empfohlen, für die digitale Darstellung serifenfreie Schriften zu bevorzugen. Für die meisten Schriftsteller sind serifenfreie Schriften allerdings nicht stillvoll genug für Belletristik.

Bücher als Tor zur Welt

Bücher sind das Medium für Blinde und im Übrigen auch für die meisten anderen Sinnes-Behinderten. Schriftsteller sind gezwungen, nur mit Worten Bilder in den Köpfen der Leser entstehen zu lassen. Nur die mündliche Erzählung kommt, was die Fantasie angeht, dem Lesen nahe. Hörspiele und Fernsehen hingegen geben sehr viel vor und schränken dadurch die Fantasie ein. Blinde und Gehörlose können das Fernsehen nie so genießen wie Sehende oder Hörende, weil ihnen jeweils eine wichtige Dimension fehlt, ganz zu schweigen von Taubblinden, denen wirklich nur die Literatur bleibt.

Ich nenne Bücher gerne das inklusivste Medium, denn sie sind das einzige Medium, über das Sinnes-Behinderte mit Nicht-Behinderten auf Augenhöhe diskutieren können. Jedes Buch ist praktisch eine eigene Welt:

Um diese Welt zu erschaffen, müssen die Autoren sie lebendig beschreiben mit allen Geräuschen, Objekten und Gerüchen. Was sie nicht beschreiben, gibt es nicht, sodass alle Leser das gleiche Material für ihre Fantasie haben.

Für Blinde ist das Spannende an Büchern, dass sie über diese vieles erfahren, was sie sonst nicht mitbekommen würden. Selbst der fleißigste Begleiter wird irgendwann müde, wenn er Personen, Landschaften oder Gegenstände beschreiben soll. Und so gut sie es meinen, die meisten Menschen sind schlechte Beobachter. Autoren beherrschen diese Kunst spielend und ihre Beschreibungen sind oftmals spannender als die Wirklichkeit.

Abb. 16 Der erste Text in Serifenschrift Times New Roman und der zweite Text in der Serifenlosen Schrift Arial (aus dem Buch: Was ist Blindheit)

Dennoch sollten Sie überlegen, ob Sie nicht eine serifenfreie Schrift verwenden möchten. Sollten Sie eine Serifenschrift verwenden, wählen Sie eine aus, die dem Leser gut bekannt ist. Es mag überraschen, aber die Lesbarkeit einer Schrift hängt in erster Linie davon ab, wie viel Erfahrung der Leser mit ihr hat. Das heißt, exotische Schriften scheiden aus. Wählen Sie eine Schrift, die für die Darstellung auf digitalen Displays optimiert wurde.

Beachten Sie auch, dass nicht jede Schriftart auf jedem Gerät vorhanden ist. Nehmen wir als Beispiel die Arial. Sie ist auf vielen Windows-Computern vorhanden, fehlt aber auf vielen Smartphones oder eBook-Readern. Auch für die Einbettung bestimmter Schriften müssen Lizenzgebühren bezahlt werden.

Auch wenn eine Schriftart vorhanden ist, garantiert das keine korrekte Darstellung. Arial kursiv und Arial fett sind eigene von Arial abgeleitete Schriftarten. Wenn diese Abwandlungen auf dem Reader fehlen, wird die Schrift vom Reader einfach gefettet oder kursiv gestellt, was zu Lasten sowohl der Ästhetik als auch der Lesbarkeit geht.

Es ist auch aus Sicht der Barrierefreiheit nicht sinnvoll, mehrere Schriften zu verwenden. Das irritiert den Leser nur, der sich im Laufe des Textes auf eine bestimmte Schriftart eingestellt hat.

Der Einsatz verschiedener Schriftarten ist nicht sinnvoll, ebenso wie verschiedene Schriftgrößen für den Fließtext.

Fuß- und Endnoten

Fußnoten sollten in Endnoten umgewandelt werden. Nur bei großen Displays sind Fußnoten gut verwendbar. Da sie außerdem kleiner als der Fließtext sind, können sie den Nutzer zwingen, den Schriftgrad im Lesefluss zu verändern. Einmal, um die Fußnoten zu vergrößern und einmal, um den Fließtext wieder zu verkleinern. Da Sie bei Texten in einem eBook selten Platzprobleme bekommen, sollten Sie die Schrift der Endnoten in der Größe des Fließtextes belassen.

Querverweise

Es gibt in Sachbüchern häufig Querbezüge: ich beziehe mich in Kapitel 3 auf etwas, was ich in Kapitel 2 erwähnt habe und umgekehrt.

Bei solchen Blätteraktionen bieten Bücher oft noch mehr Komfort als eBooks. So kann man einfach und schnell zwischen zwei Abschnitten hin- und herspringen, während das beim eBook ein wenig aufwendiger ist. Das kann durch interne Links erleichtert werden.

Denken Sie aber daran, dass die Funktion eines Links immer erkennbar sein sollte. Es gibt mehrere Wege, die Aufgabe des Links zu beschreiben. So wird dem Link häufig eine Grafik mit Alternativtext vorangestellt, um darauf zu verweisen, dass es sich um einen internen oder externen Link oder eine Verknüpfung zu einem PDF handelt.

Obwohl solche Verweise nützlich sind, sollten sie doch sparsam eingesetzt werden. Sowohl die für das Internet typische Unterstreichung als auch eine andere Linkfarbe oder ein vorangestelltes Symbol können den Lesefluss stören, wenn sie zu häufig auftreten. Ein Sehender oder jemand mit viel Lese-Erfahrung überspringt solche Stellen oft problemlos, für einen Sehbehinderten oder einen langsamen Leser ist das schwieriger.

Abstände

Texte und andere Elemente sollten genügend Platz haben. Das heißt die Abstände zwischen Worten, Zeilen, Absätzen sowie zwischen Fließtext und anderen Elementen sollten so groß sein, dass sie gut voneinander zu unterscheiden sind. Natürlich muss man es damit nicht übertreiben, es wirkt aber negativ, wenn die Elemente einander zu nahe kommen. Zudem geben diese kleinen Zwischenräume dem Leser die Gelegenheit, das Gesehene kurz zu verarbeiten, bevor die nächste Informationseinheit in Angriff genommen wird. Tatsächlich können zu enge Abstände den Leser in eine subjektive Stress-Situation versetzen.

Die Zeilenhöhe ist ein wichtiger Faktor. Wird sie vom Autor nicht festgelegt, wirkt sich das negativ auf die Lesbarkeit aus, weil der Standard-Abstand meistens zu gering ist. In der Regel wird eine Zeilenhöhe von 120 Prozent empfohlen. Ansonsten erlauben die meisten Leseanwendungen auch die Anpassung des Zeilenabstandes.

<table>
<tr><td>

Die Brailleschrift ist sehr einfach aufgebaut. Sie besteht aus sechs Punkten, die in dickes Papier ein-gestanzt werden und sich erfühlen lassen. Mit diesen sechs Punkten können 64 Zeichen dargestellt werden. Braille kann auch mit einem elektronischen Display dargestellt werden. Dieses Gerät heißt Braillezeile und stellt die Punkte mittels beweglicher Stifte dar, die blitzschnell ein- und ausgefahren werden.

</td><td>

Ein Zeichen in Braille entspricht einem Zeichen in Schwarzschrift – so nennen wir die gedruckte Schrift. Die sechs Punkte entsprechen dem, was eine Fingerkuppe auf einmal erfassen kann. Sie muss ja von einem Kind mit kleinen Fingerkuppen ebenso gut erfasst werden können wie von einem 2 Meter großen Mann. Braille nimmt mehr Platz ein als vergleichbarer Text in Schwarzschrift, da die Zeichen größer sind und das Papier dicker als normales Papier ist. Deshalb gibt es zwei verschiedene Formen: die Vollschrift und die Kurzschrift.

</td></tr>
</table>

Abb. 17   Links eine passende Zeilenhöhe von 120% und rechts eine zu geringe Zeilenhöhe von 90% (aus dem Buch: Was ist Blindheit)

Gleiches gilt für den Abstand der Absätze. Zum schnellen Überfliegen ist ein kleiner Abstand zwischen den Absätzen hilfreich. Es geht bei diesen Abständen nicht darum, Platz wegzunehmen. Der Sinn besteht vielmehr darin, dass der Leser auf einen Blick den Umfang eines Informationssegments erkennen kann, um sich kognitiv darauf einstellen zu können.

Zeilenumbruch versus Absatz

Wer vor allem in Textverarbeitungen schreibt, kennt oft nicht den Unterschied zwischen dem Zeilenumbruch und einem Absatz. Der Zeilenumbruch <br /> dient eigentlich dazu, einen einfachen Zeilenwechsel innerhalb eines Absatzes zu erzeugen. Er wird aber häufig als Gestaltungselement verwendet, um Abstände zwischen Absätzen zu erzeugen. Das verschlechtert die Anpassbarkeit des Textes.

Setzen Sie deshalb den Zeilenumbruch mit Bedacht ein und verwenden Sie zur Kennzeichnung von Absätzen das Absatzelement <p>. Der Zeilenumbruch ist nur in seltenen Fällen wie Strophen von Gedichten sinnvoll. Wenn Sie Abstände regeln wollen, verwenden Sie CSS. Dort gibt es die Eigenschaften margin und padding, die eine exakte Steuerung der Abstände erlauben.

Mehrspaltigkeit und kurze Zeilen

Mehrspaltige Texte sind in eBooks bisher selten anzutreffen. Generell spricht nichts dagegen, solange die Leseanwendung in der Lage ist, die richtige Lesereihenfolge herauszufinden. Aktuell bringt die Mehrspaltigkeit allerdings ohnehin nur selten Vorteile. In Magazinen wird sie verwendet, um zu verhindern, dass die Zeilen zu lang werden. In der Literatur spielt sie nur selten eine Rolle, außer wenn es sich um eine zweisprachige Ausgabe handelt.

Der Nachteil von zu kurzen Zeilen besteht darin, dass das Auge zu häufig hin- und her bewegt werden muss. Das kann das subjektive Stressempfinden des Lesers erhöhen, aber es verringert auch die Aufnahmefähigkeit. Der ungeübte Leser ist damit beschäftigt, den Beginn der neuen Zeile zu finden und kann damit das einzelne Informationssegment - zum Beispiel einen Satz - schlechter aufnehmen. Das glauben Sie nicht? Dann muss es lange her sein, dass sie eine neue Sprache oder gar eine neue Schrift gelernt haben. Versuchen Sie das ruhig mal, Sie werden überrascht sein.

> Der Zugang zum Internet bedeutet für Blinde wesentlich mehr als für Sehende. Vor 15 Jahren war schon das Lesen einer Tageszeitung für viele Blinde unmöglich. Heute können wir uns zwischen SpOn, Zeit Online oder der FAZ entscheiden. Ich habe häufig vor dem Kiosk gestanden und mich geärgert, dass da hunderte von Magazinen und Zeitschriften lagen, die für mich einfach nicht lesbar waren. Heute finde ich mehr im Internet, als ich in einem Leben lesen könnte.

Aber Blinde konsumieren nicht nur Inhalte, sie sind auch fleißige Produzenten. Es gibt eine kleine, aber feine Blogger-Szene und zahlreiche Web-Projekte von Blinden. Einige Blinde produzieren Podcasts und sogar Videos und stellen sie auf YouTube ein. Der Vorteil des Internets ist die Anonymität, nicht im Sinne der Persönlichkeit, sondern von Behinderung. Dein Lieblings-Blogger oder YouTube-Musiker könnte tatsächlich blind sein und du würdest es nie erfahren. Das hat zur Folge, dass man durch seine Behinderung weder geschont noch benachteiligt wird. Content is King. Vielleicht sind wir im Internet nicht alle gleich, aber das Internet kommt der Inklusion doch recht nahe. Ich kann nie wissen, ob der engagierte Fußball-Fan, mit dem ich über die Bayern lästere blind, im Rollstuhl, gehörlos oder manisch-depressiv ist und es ist mir auch total egal.

Abb. 18 Der obere Text mit ausreichender Zeilenlänge und der untere Text mit zu geringer Zeilenlänge (aus dem Buch: Was ist Blindheit?)

Dieses Problem lässt sich für Sehbehinderte kaum vermeiden, wenn sie den Text stark vergrößern. Sie sollten das aber nicht verschlimmern, indem Sie als visuellen Effekt die Zeilen zu schmal anlegen.

Schriftfarbe und Kontrast

Während Farbe im Printbereich noch recht teuer ist, laden hochauflösende Tablets dazu ein, mehr Farbe in Bücher zu bringen. Während das für Bilder und Grafiken in Grenzen sinnvoll ist, verschlechtern Farben in der Regel die Lesbarkeit und Erkennbarkeit.

Der höchste Kontrast ist schwarzer Text auf weißem Hintergrund. Einige blendempfindliche Menschen ziehen weißen Text auf schwarzem Hintergrund vor. Es gibt auch Sehbehinderte, die mit anderen Farbkombinationen besser umgehen können. Mit einem barrierefreien eBook stellen Sie sicher, dass jeder Leser Ihren Text seinen Vorlieben gemäß anpassen kann.

Schriftgröße

Es mag zunächst erstaunlich sein, aber die Faustregel: „Je größer der Text, desto besser ist er lesbar" ist falsch. Sehbehinderungen können sehr unterschiedlich ausfallen und während der Eine einen Schriftgrad von 30 braucht, kann ein anderer erhebliche Probleme bei dieser Schriftgröße bekommen. Es gibt verschiedene Augenkrankheiten, die dazu führen, dass die Betroffenen nur auf sehr kleinen Bereichen scharf genug sehen, um lesen zu können. Wenn die Buchstaben zu groß sind, verschlechtert das für sie die Lesbarkeit, weil sie nur einzelne Buchstaben oder sogar nur Teile von Buchstaben sehen. Verwenden Sie einfach den Schriftgrad Ihrer Wahl und überlassen Sie es dem Leser, die Schrift seinen Bedürfnissen anzupassen.

Abb. 19   Ironische Illustration der Schriftgrößenanpassung

Ein Wechsel der Schriftgröße ist, wie schon ausgeführt, nicht sinnvoll. Zitate und Fuß- oder Endnoten können durch eine Einrückung gekennzeichnet werden. Eine Änderung des Schriftgrades innerhalb des Textes, kann den Leser dazu zwingen, die Schriftgröße immer wieder anzupassen.

Relative statt absolute Größen

Im Printbereich wird normalerweise mit absoluten Größen gearbeitet. So ist die Schrift 9 Punkt groß, der Zeilenabstand beträgt vier Punkt und so weiter. Im digitalen Bereich sind diese absoluten Größen nicht so sinnvoll. Ein Text mit einer Schriftgröße von 16 Pixeln mag auf einem Gerät mit einer geringen Auflösung groß erscheinen, während er auf einem hochauflösenden Smartphone sehr klein dargestellt wird. Wenn jemand die Schrift anpasst, kann es passieren, dass sich die Zeilenabstände nicht anpassen und sich das gesamte Schriftbild verschlechtert.

Deswegen werden im digitalen Bereich relative Größen bevorzugt. Die Einheit dazu heißt <em>.

Der konsequente Einsatz vom <em> sorgt dafür, dass die Größen und Abstände harmonisch bleiben, auch wenn der

Text vergrößert wird.

Weitere Elemente

Es gibt noch viele weitere Elemente: So können Sie, wenn Sie Programmiercode darstellen, das Element <code> verwenden. Es gibt spezielle Elemente für Tabellen und einige weitere Hilfen. Ich nehme sie hier aus Platzgründen nicht auf. Wenn Sie die oben beschriebenen Anforderungen an barrierefreie Dokumente beachten, können Sie die nötigen Elemente einfach im Internet nachschlagen.

5.1   Bilder und Grafiken

Insbesondere bei Grafiken sollten Sie sich auf die Erkennbarkeit konzentrieren. Die Ästhetik kommt vor allem auf eBook-Readern selten zur vollen Entfaltung.

Text in Bildern

Es ist tabu, wichtigen Text in Rastergrafiken zu verstecken. Ich sage verstecken, weil dieser Text für Blinde und Sehbehinderte unlesbar ist.

Abgesehen davon sind diese Bilder wie schon gesagt auf vielen Displays schlecht zu erkennen und Sie wollen doch nicht daran schuld sein, dass Ihre Leser eine Brille brauchen?

In vielen Fällen erleichtern Grafiken das Verständnis, wenn zum Beispiel in einem Diagramm eine Entwicklung zusammengefasst wird.

Blinde am Bildschirm

Blinde benutzen Hilfsmittel um ihre Computer bedienen zu können. Die Schnittstelle zum Computer ist der Screen reader gelegentlich als Bildschirm Leseprogramm übersetzt. Der Screenreader liest den Bildschirminhalt aus und gibt die Informationen als Sprache oder als Brailleschrift auf einem speziellen Braille Display aus. Screenreader und Sprachausgabe werden oft synonym benutzt, es handelt sich aber um Programme mit unterschiedlichen Aufgaben.

Der Screenreader bildet die Schnittstelle zwischen der meistens grafischen Bedienoberfläche des Betriebssystems und dem Ausgabemedium ent oder Sprache oder Braille. Theoretisch wäre auch ein anderes Ausgabemedium denkbar so werden viele Informationen auch als akustisches Signal oder bei Smartphones als Vibration ausgegeben. Die Sprachausgabe ist unabhängig davon ein Ausgabemedium bei dem Phoneme nach bestimmten Regeln zusammengesetzt und als Sprache ausgegeben werden. Phoneme sind die Laute aus denen sich die Sprache zusammensetzt.

Abb. 20   Visualisierung eines unscharfen und kaum leserlichen Textes

Im Folgenden spreche ich von Bildern, wenn es um Abbildungen von Menschen, Tieren oder Objekten geht. Sie werden meist mit Digitalkameras erstellt oder eingescannt. Grafiken hingegen sind mit Programmen erzeugte Darstellungen.

Im digitalen Bereich werden die meisten Grafiken und Bilder als Rastergrafik bereitgestellt, die am häufigsten eingesetzten Formate sind JPEG, PNG und GIF. Ihr Vorteil besteht darin, dass sie von praktisch allen Anwendungen problemlos dargestellt werden. Allerdings werden sie bei Vergrößerung schnell unscharf, außerdem lassen sie sich nur schlecht an die verschiedenen Display-Größen anpassen.

Es gibt zwei Möglichkeiten im Verhältnis Text und Grafik:

- Die beiden Inhalte ergänzen sich - sie sind komplementär.

- Die Information wird doppelt codiert - ist also redundant.

In der Praxis sind diese beiden Zustände selten in Reinform zu finden. Natürlich sollten sich Text und Grafik nicht widersprechen oder gegensätzliche Aussagen haben.

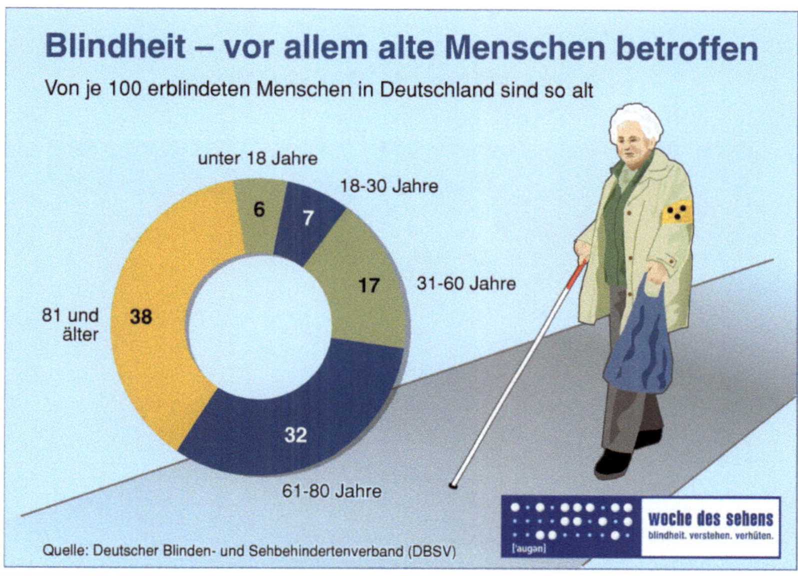

Berlin (ots) - Blindheit ist meist die Folge von Augenerkrankungen, die in höherem Alter auftreten. Deshalb sind mehr als 2/3 der rund 145.000 blinden Menschen in Deutschland im Rentenalter. Sie benötigen andere Hilfen im Alltag als blinde Menschen im Erwerbsalter oder Kinder und Jugendliche ohne Augenlicht.

Abb. 21 Komplementäres Verhältnis von Text und Grafik. (Quelle: www.Presseportal.de / obs/Deutscher Blinden- und Sehbehindertenverband e.V.)

Normalerweise ist Redundanz besser als Komplementarität. Visuell orientierte Menschen erfassen Grafiken leichter als Texte. Nicht visuelle Menschen verstehen hingegen den Text leichter. Mit einer Text-Bild-Kombination haben wir das Mehrkanal-Prinzip ideal erfüllt. Wenn beide Inhalte nur zusammen genommen verstanden werden können, besteht die Gefahr, dass ein oder sogar beide Inhalte nicht verstanden werden. Komplementarität erhöht die kognitiven Anforderungen an die Leser. Andererseits ermöglicht eine Informationsgrafik die Befreiung des Textes von Zahlenballast. Die Auflistung von Zahlen überfordert viele Leser, während eine Tabelle oder eine Grafik oft verständlicher und übersichtlicher ist.

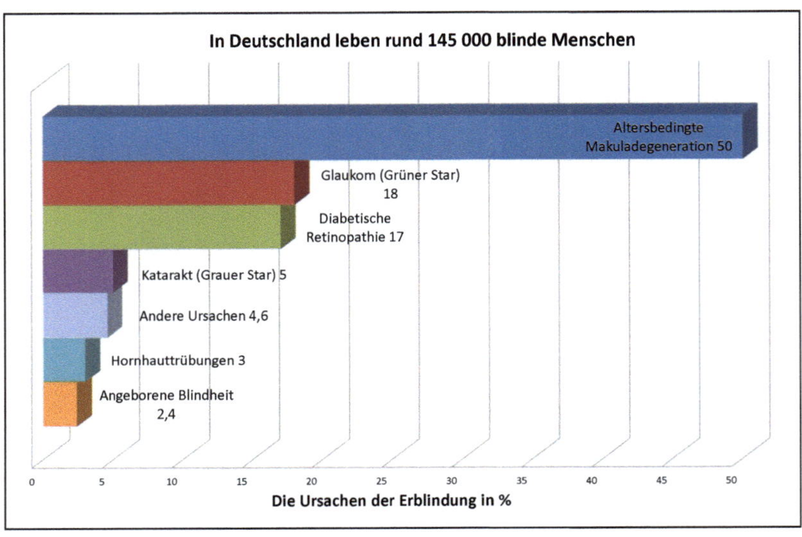

In Deutschland leben rund 145 000 blinde Menschen. In 50 % der Fälle ist die Ursache eine altersbedingte Makuladegeneration. Weit weniger Menschen erblinden durch den Glaukom (Grüner Star) mit 18 %. Darauf folgt mit 17 % die Diabetische Retinopathie. Durch den Katarakt (Grauen Star) erblinden 5 % und durch Hornhauttrübungen sind es 3% . Lediglich 2,4 % der Menschen sind von Geburt an blind und bei 4,6 % sind es andere Ursachen die die Erblindung hervorgerufen haben.

Abb. 22   Redundantes Verhältnis von Text und Grafik (Quelle: Berufsverband der Augenärzte BVA)

Sie können Grafiken und Illustrationen verwenden, um zum Beispiel:
- die Attraktivität des Textes zu erhöhen

- die Aufmerksamkeit auf bestimmte Bereiche des Textes zu lenken
- schwer verständliche Sachverhalte zu veranschaulichen
- die emotionale Verbundenheit zu erhöhen
- die Merkleistung zu unterstützen
- eine Leseschwäche durch Veranschaulichung auszugleichen
- Viele Informationen sind leichter verständlich, wenn Text und Grafik kombiniert werden: Es ist zum Beispiel schwierig, einen Kleiderschrank zusammenzubauen, wenn Sie nur die textliche oder nur die grafische Anleitung haben. Auch ein Comic erschließt sich erst durch das Zusammenspiel von Bild und Text.

Grafiken veranschaulichen Zusammenhänge oft einfacher als Texte. Stellen Sie sich vor, Sie müssten anstelle eines Organigramms einen Text formulieren, der die Beziehung der einzelnen Abteilungen zueinander beschreibt. Nicht nur das Schreiben wäre schwierig, auch der Leser müsste mehr Zeit und Mühe aufwenden, um das zu verstehen. Diagramme veranschaulichen Hierarchien, Beziehungen und Strukturen oder Entwicklungen im zeitlichen Verlauf auf einen Blick. Alle Informationen aus einem Diagramm textlich zu beschreiben wäre weder praktikabel noch sinnvoll.

Auch das Verstehen von Grafiken muss erlernt werden. Forscher sprechen auch von Visual Literacy. Dabei werden zwei Ebenen des Verstehens unterschieden:

- Der Nutzer muss verstehen, was abgebildet ist - das ist das inhaltliche Verstehen.
- Dann muss er verstehen, warum es abgebildet wird - das ist das indikatorische Verstehen.

Sie sollten Ihre Informationsgrafiken aus der Sicht des Nutzers aus gestalten und die Komplexität so weit wie möglich reduzieren. Komplexe Schaubilder wie Kausaldiagramme werden auch für Laien verständlicher, wenn sie erläutert werden. Das heißt nicht, dass Sie den Aufbau des Diagramms beschreiben, sinnvoller ist es, wichtige Beziehungen des Diagramms im Text aufzugreifen und zu veranschaulichen. Ein gutes Beispiel dafür ist der Statistikdienst Statista. Er stellt regelmäßig Diagramme zu aktuellen Statistiken bereit und ergänzt sie mit einer ausführlichen textlichen Beschreibung.

Nehmen wir als Beispiel ein Tutorial zur Erstellung eines Inhaltsverzeichnisses in Microsoft Word. In so einer Anleitung werden normalerweise Screenshots verwendet. Die Anleitung kann doppelt codiert werden, einmal als Text und einmal als Abfolge von Screenshots. Das ist sinnvoll, weil eine Schaltfläche oder Funktion durch gute Screenshots besser gefunden werden kann. Andererseits lässt sich der Weg zu dieser Funktion leichter textlich beschreiben. Orientieren Sie sich an Bedienungsanleitungen oder Aufbauanleitungen für Möbel, natürlich nur inhaltlich, nicht stilistisch.

Grafische Darstellungen können auch komplexe Sachverhalte zusammenfassen. So ist die Darstellung von historischen Ereignissen in einem Text oft schwerer zu verstehen als ihre Anordnung auf einem Zeitstrahl. Die textliche Wegbeschreibung wird erst plastisch durch die Darstellung auf der Karte.

Vermeiden Sie starke Reize etwa durch grelle Farben, sie können für Autisten oder Sehbehinderte störend sein.

Informationsgrafiken müssen anders als dekorative Bilder aktiv verarbeitet werden, sie sind selbst Träger von Information. Das sind etwa Screenshots von Programmoberflächen, Diagramme, Schaubilder, aber auch interaktive Grafiken.

Eine Grafik sollte immer dem Zweck entsprechend ausgestaltet sein. Ähnlich wie Textverarbeitungen verleiten Grafikprogramme und ausgefeilte Vorlagen oft dazu, sehr aufwendige und ästhetisch ansprechende Grafiken zu erstellen. Dabei bleibt aber die eigentliche Aufgabe, einen Sachverhalt anschaulich zu vermitteln, auf der Strecke. Eine reduzierte Grafik, mit einigen Pfeilen und ein paar geometrischen Grundformen, kann schon wesentlich verständlicher sein. Für selbsterstellte Grafiken wie Diagramme ist entscheidend, dass alle Bestandteile deutlich erkenn- und lesbar sind. Das gilt auch für den in die Grafik eingebetteten Text. Genau genommen handelt es sich bei diesen Texten selbst um Rastergrafiken. Das heißt, je stärker die Grafik vergrößert wird, desto unschärfer wird der Text. Bei Wahlergebnissen stehen die Parteinamen und Prozentangaben oft direkt im Diagramm. Das ist suboptimal, da die Segmente meist in den Parteifarben gestaltet sind und oft zu geringen Kontrast bieten. Achten Sie also bei Schriftgrafiken auf gute Lesbarkeit und ausreichenden Kontrast.

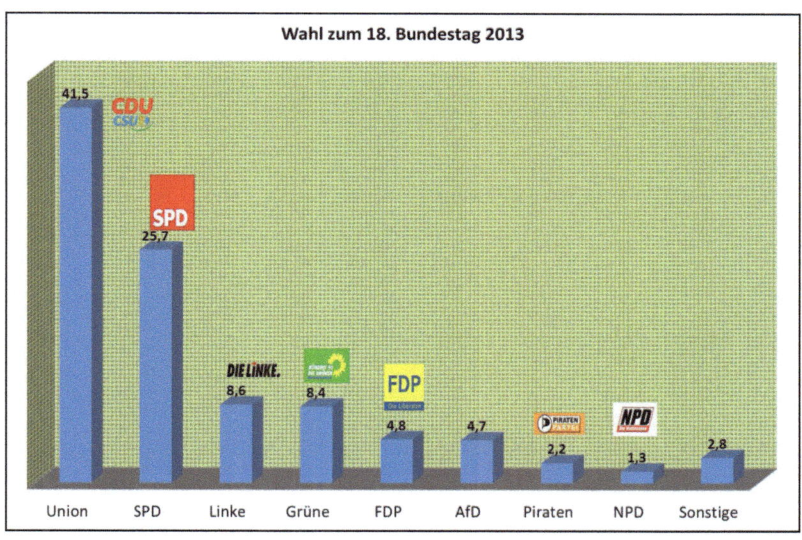

Abb. 23   Negativ Beispiel: Zu geringer Kontrast und zu geringe Übersicht im Diagramm

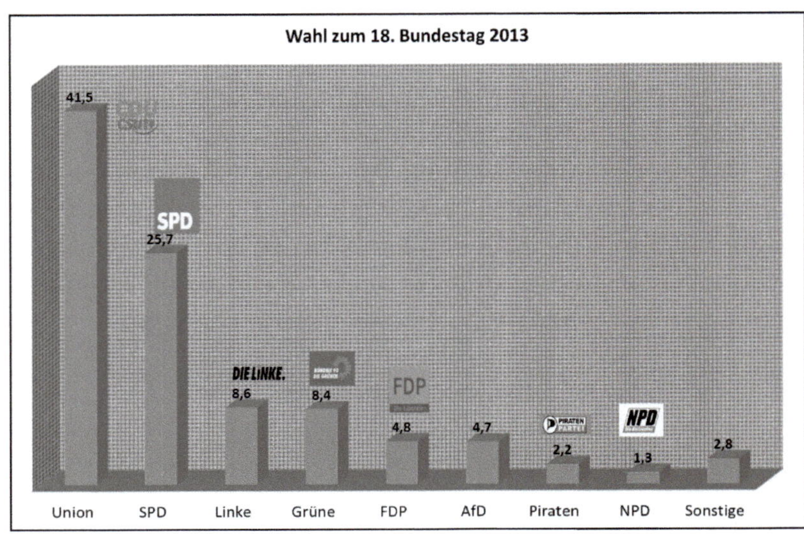

Abb. 24   *Negativ Beispiel in Graustufenansicht*

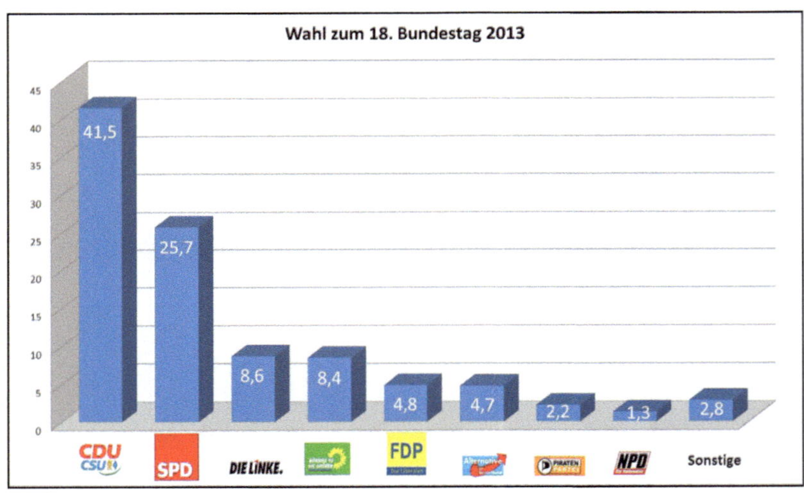

Abb. 25   *Positiv Beispiel: Starker Kontrast und gute Erkennbarkeit und Übersicht*

56

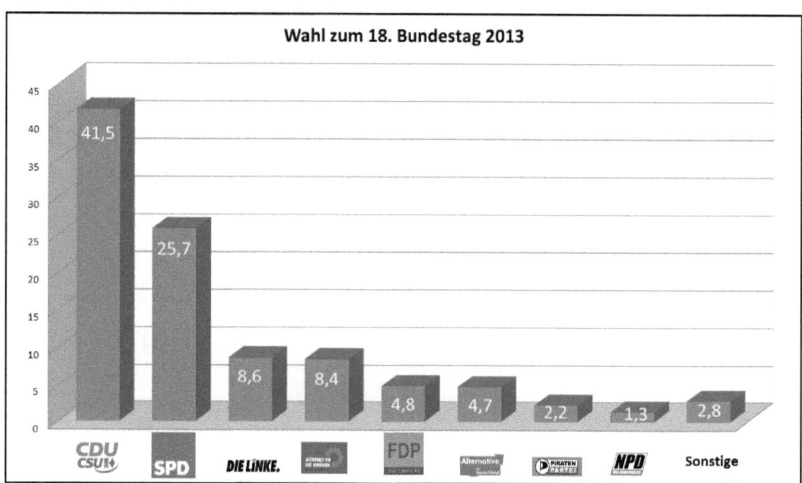

Abb. 26   Positiv Beispiel in Graustufenansicht

Wenn die Farben eine wichtige Aussage haben sollten Sie sich ein paar Gedanken zur richtigen Farbwahl machen. Denken Sie insbesondere an Menschen mit Kontrastschwäche oder Farbenblinde. Farbe sollte generell nicht als einziges Erkennungsmerkmal verwendet werden. Prüfen Sie in einer Graustufen-Ansicht, ob die Aussage Ihrer Grafik auch ohne Farbe verständlich ist. Sie können neben einer Farbe auch ein weiteres Merkmal wie ein Muster oder einen Farbverlauf verwenden.

Für Sehbehinderte sollten vor allem bei großflächigen Grafiken, wie in schematischen Darstellungen oder geografischen Karten, Orientierungspunkte oder Achsen geschaffen werden. Bei einer Karte können dies, markante Punkte wie Städte, Autobahnen oder Flüsse sein. Bei Diagrammen können horizontale und vertikale Linien einen ähnlichen Zweck erfüllen.

Schaubilder sollten von oben nach unten oder von links nach rechts erschlossen werden können. Außerdem sollte eine Leserichtung vorgeschlagen werden, das kann durch Pfeile oder die Ausrichtung der Elemente geschehen. Dies erleichtert es Sehbehinderten, das Diagramm segmentweise zu erschließen.

Säulen- und Balkendiagramme sind leichter zu erfassen als Blasen- oder Kreisdiagramme, weil Menschen Längen oder Breiten leichter miteinander vergleichen können als Flächen. Außerdem ist es für viele Sehbehinderte schwierig, mehrere Elemente gleichzeitig zu erfassen, so dass sie die Objekte auch nicht miteinander vergleichen können.

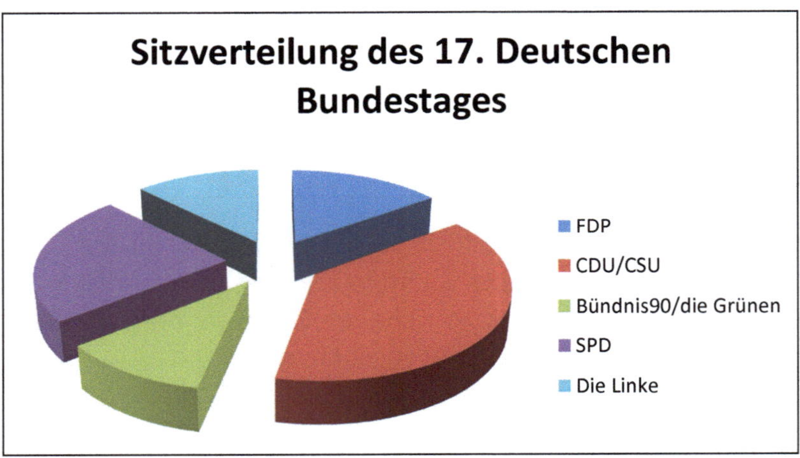

Abb. 27   Flächendiagramm

Für die meisten Menschen ist es einfacher, wenn Element und Elementbeschreibung miteinander verknüpft sind. Bei Karten ist es üblich, mit Symbolen zu arbeiten. Diese Symbole werden über Legenden erklärt, die sich meistens unten im Kartenausschnitt befinden. Das Problem dabei ist, dass das Auge zwischen Symbol und erklärender Legende hin- und herwechseln muss. Bei Karten ist das oft unvermeidlich, bei Diagrammen sollte es jedoch vermieden werden. Nehmen wir als Beispiel ein Kreisdiagramm. Statt eine Legende zu verwenden, verknüpfen wir das Segment mit der jeweiligen Beschreibung. Möglich ist auch, die Beschreibung mit der Prozentzahl direkt in das Segment zu integrieren. Das kann einfacher sein, da das Auge noch weniger bewegt werden muss. Voraussetzung für die Lesbarkeit ist aber, dass Text und Hintergrundfarbe des Segments ausreichend Kontrast bieten.

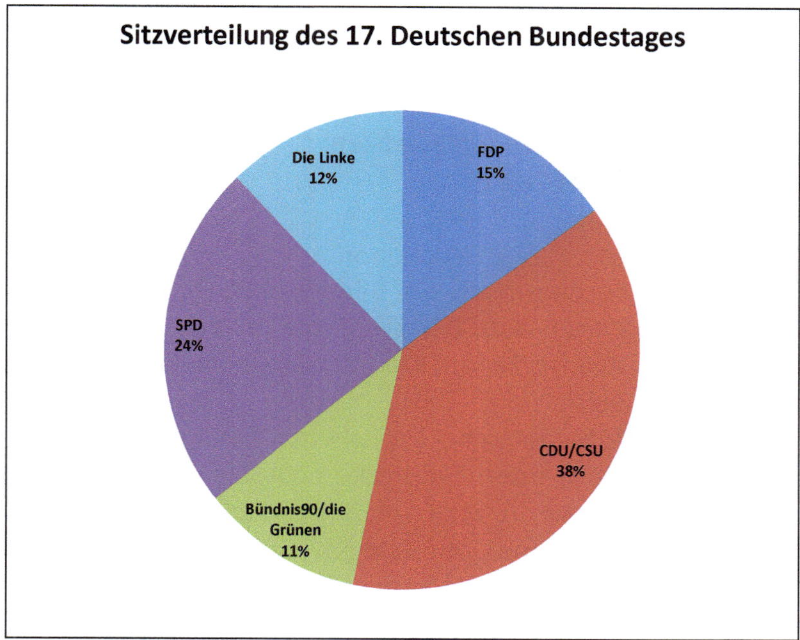

Abb. 28   Kreisdiagramm

Wenn Bild und textliche Beschreibung zusammen gehören, sollten sie auch gemeinsam angeordnet werden. Vor allem Sehbehinderten fällt es schwer, zwischen Text und Bild hin und her zu wechseln. Sehbehinderte haben größere Probleme als Sehende, eine verlorene Textstelle oder einen bestimmten Punkt in einer Grafik wiederzufinden, weil sie häufig nicht in der Lage sind, größere Flächen zu überblicken.

Binden Sie die Grafik in einer angemessenen Größe ein. Wählen Sie die geringste Größe, bei der das Bild noch gut zu erkennen ist. Ein Kompromiss besteht darin, eine kleine Grafik in den Artikel einzubetten und mit einem Klick darauf, die Grafik in einer größeren Version mit höherer Auflösung anzubieten.

Vermeiden Sie es, die Werte zu nahe nebeneinander stehen zu lassen. In die Grafik eingebettete Texte sollten bei leichter Vergrößerung nicht pixelig werden, also Stufen bekommen.

Text sollte möglichst nicht vertikal verlaufen, das verschlechtert die Lesbarkeit.

Grundsätzlich gibt es drei Möglichkeiten zur textlichen Beschreibung von Bildern und Grafiken:

- Alt = Alternativtext
- Title = Title
- Long Desc = Long Description

Es gibt außerdem noch die Bildunterschrift, die aber als normaler Text unter dem Bild steht und für alle Nutzer ohne Weiteres sichtbar ist. Zudem kann die Grafik auch im Fließtext beschrieben werden.

Alternativtexte dienen vor allem blinden Screenreader-Nutzern. Sie werden außerdem eingeblendet, wenn aus irgendeinem Grund die Bilder nicht geladen werden. Der Titel erscheint, wenn man mit dem Maus-Cursor über ein Bild fährt. Er kann vor allem Sehbehinderten helfen, die nicht erkennen können, was auf dem Bild zu sehen ist. Die lange Beschreibung wird in der Praxis kaum eingesetzt. Informationen, die für alle Nutzer zum Verständnis hilfreich sind sollten im Fließtext oder in der Bildunterschrift vermittelt werden. Das ist auch der beste Ort für Urheberrechtsverweise.

Nehmen wir als Beispiel ein Tutorial zur Erstellung eines Inhaltsverzeichnisses in Microsoft Word. Die Anleitung ist für Blinde barrierefrei, wenn sie auch ohne Screenshots verständlich ist. Der Alternativtext für den Screenshot sollte beschreiben, welcher Programmteil darauf abgebildet ist. In der Anleitung selbst sollte beschrieben werden, welche Funktionen aufgerufen und geändert werden.

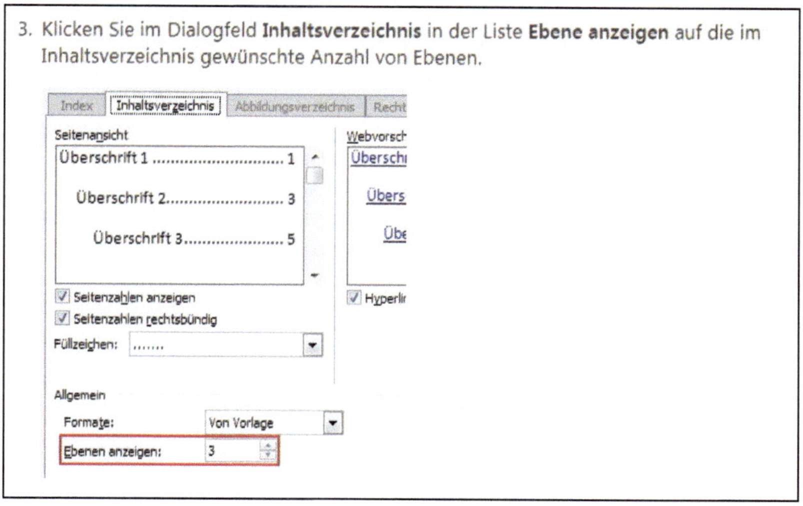

3. Klicken Sie im Dialogfeld **Inhaltsverzeichnis** in der Liste **Ebene anzeigen** auf die im Inhaltsverzeichnis gewünschte Anzahl von Ebenen.

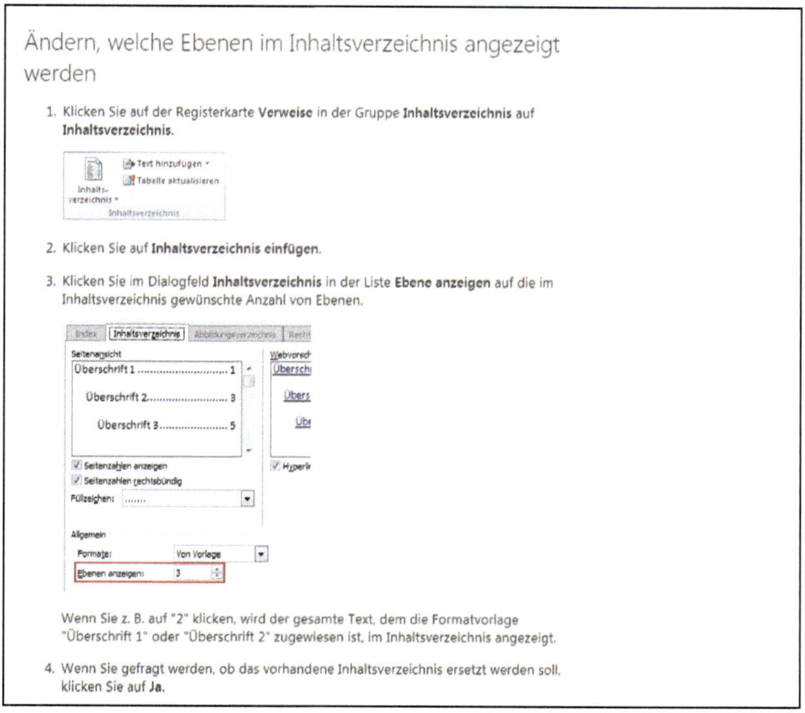

Ändern, welche Ebenen im Inhaltsverzeichnis angezeigt werden

1. Klicken Sie auf der Registerkarte **Verweise** in der Gruppe **Inhaltsverzeichnis** auf **Inhaltsverzeichnis**.

2. Klicken Sie auf **Inhaltsverzeichnis einfügen**.

3. Klicken Sie im Dialogfeld **Inhaltsverzeichnis** in der Liste **Ebene anzeigen** auf die im Inhaltsverzeichnis gewünschte Anzahl von Ebenen.

Wenn Sie z. B. auf "2" klicken, wird der gesamte Text, dem die Formatvorlage "Überschrift 1" oder "Überschrift 2" zugewiesen ist, im Inhaltsverzeichnis angezeigt.

4. Wenn Sie gefragt werden, ob das vorhandene Inhaltsverzeichnis ersetzt werden soll, klicken Sie auf **Ja**.

Abb. 29   Alternativtext für Word Tutorial:
Auf dem Screenshot ist im oberen Bereich ein Menüleiste zu sehen mit den

Alternativ- und Titeltext können identisch sein, da der Screenreader nur eines der Attribute vorliest und die anderen Nutzer den Alternativtext nicht zu sehen bekommen. Die Bildunterschrift sollte hingegen andere Informationen enthalten, um Redundanz zu vermeiden.

Die Auswahl eines passenden Beschreibungstextes erscheint zunächst kompliziert, kann aber nach einer einfachen Faustregel geschehen. Die zentrale Frage ist, welche Information der Nutzer benötigt, wenn er das Bild nicht sehen kann. Diese Information muss für den blinden Nutzer entweder im Alternativtext oder im Fließtext untergebracht werden.

Der vielleicht komplexeste Fall ist eine sportliche Übung, die exakt ausgeführt werden muss, solche Übungen werden normalerweise als Bildfolge dargestellt. Das funktioniert aber nicht für Sehbehinderte und Blinde. Sie benötigen einen beschreibenden Text zu den Übungen, ein Alternativtext ist für solche längeren Texte allerdings nicht sinnvoll. Im Fließtext sollten Sie möglichst konkret die Ausgangsstellung und die nötigen Bewegungen beschreiben, das kommt auch vielen Sehenden zugute. Gut gelöst hat das zum Beispiel Mark Lauren in seinem Buch »Fit ohne Geräte«. Mit solchen Beschreibungen erhöhen Sie die Qualität Ihrer Anleitung auch für Sehende, weil die Chance steigt, dass der korrekte Ablauf entweder über die visuelle oder die textliche Beschreibung verstanden wird.

Konkrete Hinweise, wie komplexe Objekte auch blindengerecht beschrieben werden können finden Sie auch in Anleitungen für Audioguides. Das sind gesprochene Beschreibungen, die Blinden und stark Sehbehinderten den Gang durch Ausstellungen oder touristische Angebote erleichtern sollen.

Es gibt verschiedene Möglichkeiten, Grafiken auf ihre Erkennbarkeit zu prüfen. Die meisten Bildbearbeitungsprogramme haben einen Graustufen-Modus, in dem Sie prüfen können, ob die Grafik und ihre Bestandteile auch ohne Farbe noch gut zu erkennen sind. Mit der Firefox Accessibility Extension können Sie überprüfen, ob alle Bilder und Grafiken einen sinnvollen Alternativtext haben.

Die Erkennbarkeit lässt sich am einfachsten in der Bildbearbeitung direkt prüfen, weil dort auch eventuell nötige Anpassungen am schnellsten durchgeführt werden können. Alternativ- und Titeltexte sollten erst im Buch geprüft werden.

6.   Strukturierung des Buches

Nachdem Sie die Feinformatierung vorgenommen haben, können Sie mit der Strukturierung des Buches fortfahren. Für diesen Arbeitsschritt empfehle ich ebenfalls das Autorenwerkzeug SIGIL.

Wenn Sie das Dokument manuell importiert haben, befinden sich sämtliche Inhalte in einer großen Datei. Das hat gewisse Vorteile, solange Sie an den Inhalten arbeiten. Es kann aber auch sinnvoll sein, das Dokument in logische Abschnitte aufzuteilen. Bei umfangreichen Texten mit Bildern verringert sich dadurch die Ladezeit. Außerdem können Sie die Abschnitte semantisch auszeichnen.

Bei SIGIL gehen Sie folgendermaßen vor: Setzen Sie den Cursor vor das erste Zeichen des neuen Abschnitts und wählen Sie „Teilung am Cursor". Im Dateibaum auf der linken Seite sehen Sie, dass es ein neues Dokument gibt. Rufen Sie dieses Dokument auf und wiederholen Sie den beschriebenen Prozess, bis Sie das gesamte Dokument aufgeteilt haben. Ich empfehle Ihnen, nur die Hauptkapitel sowie Literatur, Impressum und Index aufzuteilen, da es ansonsten schnell unübersichtlich wird.

Wenn Sie das Dokument vollständig segmentiert haben, können Sie den einzelnen Abschnitten semantische Informationen zuweisen. So gibt es Tags für das Impressum, für die Einleitung, für inhaltliche Abschnitte oder das Literaturverzeichnis. Gehen Sie dazu zum Datei-Baum, rechtsklicken den jeweiligen Abschnitt und wählen dort „Semantik". Der Übersichtlichkeit halber können Sie die Dateien im Dateibaum auch umbenennen, das erleichtert Ihnen die spätere Arbeit.

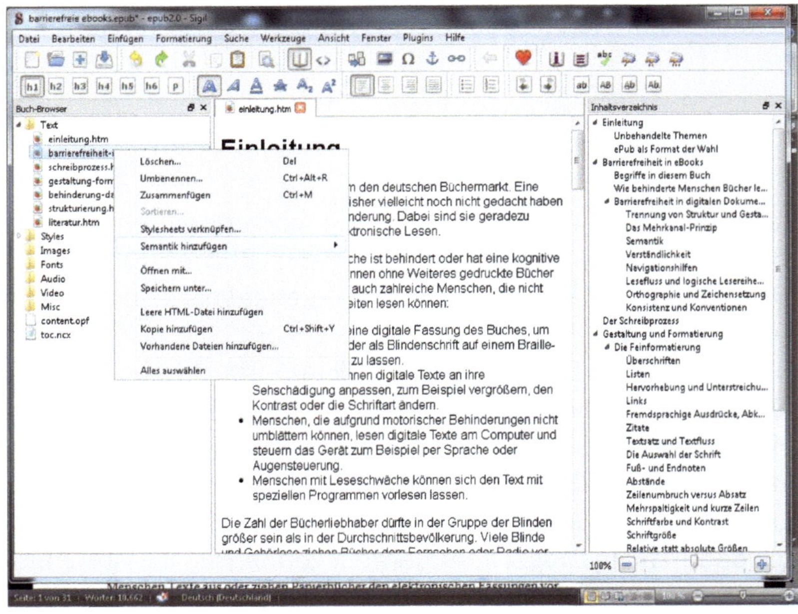

Abb. 30   Dateibaum und Semantik

Die semantischen Abschnitte erleichtern die Navigation durch das Dokument, sie erhöhen die Ladegeschwindigkeit und erzeugen außerdem einen Seitenumbruch wie in einem gedruckten Buch.

6.1   Meta-Tags

Ein weiterer Aspekt semantischer Daten sind die Meta-Tags. Sie liefern Informationen über ein Dokument. Sie sind nützlich, wenn man viele Dokumente besitzt und werden bei vielen Lesegeräten anstelle der Dateinamen gezeigt. Den Metadaten-Editor finden Sie in SIGIL im Menü „Werkzeuge".

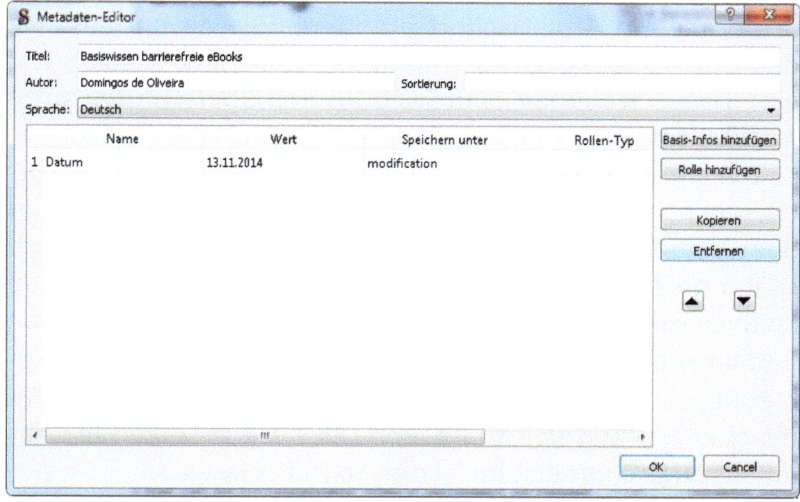

Abb. 31   Metadaten- Editor

Der Editor ist soweit selbsterklärend: Nennen Sie den Namen des Autors, den Buchtitel, das Erstellungsdatum und wählen Sie weitere Informationen aus, die Sie für sinnvoll halten. Legen Sie außerdem die Hauptsprache des Buches fest.

6.2 Das Inhaltsverzeichnis

Ein Inhaltsverzeichnis ist im eBook interaktiv, Sie müssen einfach einen Punkt aktivieren, um direkt zur betreffenden Stelle im Buch zu gelangen. Es kann von jeder Stelle aufgerufen werden.

Deshalb ist es auch bei sehr kurzen Dokumenten sinnvoll, ein Inhaltsverzeichnis zu erstellen. Trotz vieler Fortschritte bei der Technik ist es vor allem bei eBook-Readern oder Smartphones nicht besonders komfortabel, durch längere Dokumente zu navigieren.

Bei diesem Arbeitsschritt profitieren Sie davon, dass Sie das Dokument semantisch strukturiert haben. Ähnlich wie eine Textverarbeitung kann SIGIL aus den Überschriften automatisch ein korrekt aufgebautes Inhaltsverzeichnis erzeugen.

Die entsprechende Funktion finden Sie unter „Werkzeuge" im Punkt „Inhaltsverzeichnis". Es entsteht eine neue Datei mit dem Namen toc.ocx. Sie können das Inhaltsverzeichnis auch später noch bearbeiten. Achten Sie darauf, dass Änderungen im Buch keine Auswirkungen auf das Inhaltsverzeichnis haben und umgekehrt. Wenn Sie eine Zwischenüberschrift im Dokument nachträglich ändern, müssen Sie das im Inhaltsverzeichnis ebenfalls tun und umgekehrt. Deswegen sollten Sie das Inhaltsverzeichnis erst im letzten Schritt erzeugen.

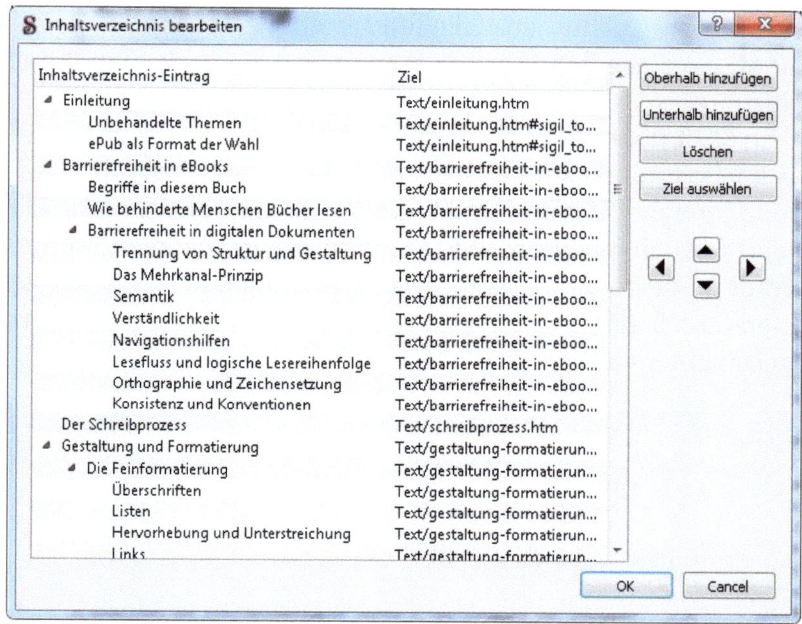

Abb. 32   Inhaltsverzeichnis SIGIL

Ein Vorteil der beschriebenen Überschriftenhierarchien ist, dass sich die einzelnen Abschnitte des Inhaltsverzeichnisses in vielen Lese-Anwendungen auf und zuklappen lassen. Bei umfangreichen Inhaltsverzeichnissen erhöht das die Übersichtlichkeit.

6.3   Der Index

Neben dem Inhaltsverzeichnis kann bei Sachbüchern auch ein Index sehr hilfreich sein. Dabei handelt es sich um eine Liste wichtiger Stichwörter und deren Vorkommen im Buch. Möchte der Nutzer wissen, an welcher Stelle dieses Buches das Wort „Semantik" vorkommt, schaut er in den Index.

Generell gibt es in SIGIL zwei Wege, einen Index anzulegen. Sie legen im Laufe Ihres Schreibprozesses eine Reihe wichtiger

Begriffe an, suchen anschließend wichtige Stellen im Dokument, wo diese Begriffe vorkommen und fügen sie zum Index hinzu.

In SIGIL können Sie auch eine vollständige Liste aller Begriffe im Dokument automatisch erstellen lassen und anschließend jene Begriffe entfernen, die Sie nicht benötigen. Da alle Begriffe auch in verschiedenen Schreibweisen aufgenommen werden, ist das eine zeitaufwendige Tätigkeit. Praktisch ist aber, dass Sie über diese Liste erkennen können, ob ein Wort im Dokument in unterschiedlichen Schreibweisen vorkommt.

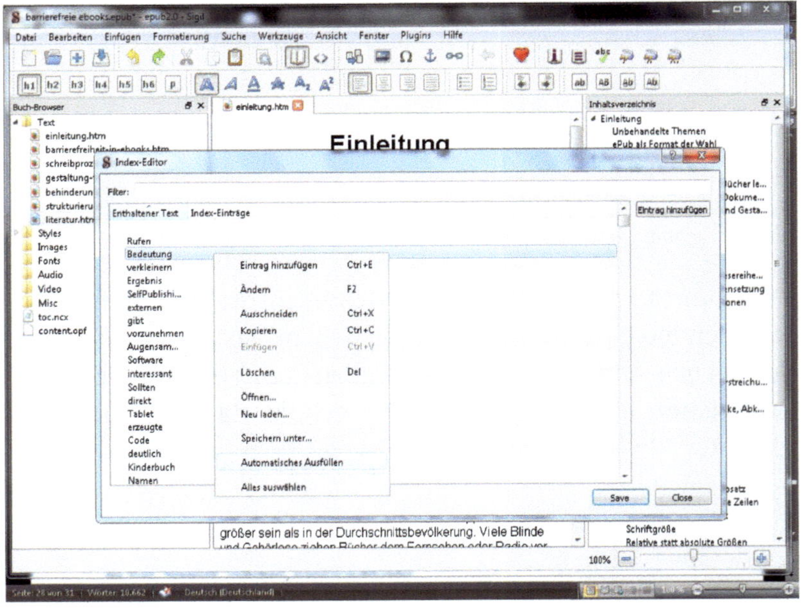

Abb. 33   Index

Ist die Liste der Begriffe fertig gestellt, wird der Index ins Dokument aufgenommen. In SIGIL wird neben den jeweiligen Begriff die Fundstelle verlinkt, für jede Fundstelle gibt es einen Link. Mehr als fünf Fundstellen sind normalerweise nicht sinnvoll, es ist dem Leser nicht zuzumuten, sich jede Fundstelle auf Wichtigkeit anzusehen. Wenn der Begriff an einer

Fundstelle definiert wird oder auf andere Weise von besonderer Bedeutung ist, sollte diese Stelle entsprechend hervorgehoben werden.

Vergessen Sie nicht, den Index als eigenen Punkt ins Inhaltsverzeichnis aufzunehmen.

6.4 Glossar

Die WCAG 2.0 empfiehlt für Websites, Glossare anzulegen. Dabei werden Begriffe, die entweder selten vorkommen oder die vermutlich nicht ohne Weiteres bekannt sind, erläutert.

Solche Glossare sind empfehlenswert, wenn sich die Bücher an Laien richten. Die Fachliteratur wird meistens von Experten gelesen, die es nicht unbedingt schätzen, wenn man ihnen die Begriffe erklärt, mit denen sie täglich arbeiten. Bei exotischen Themen macht es oft Sinn, solche Glossare anzulegen.

Sie mögen an dieser Stelle einwenden, dass die Leser in der Regel Zugriff auf das Internet haben und binnen weniger Sekunden praktisch jede Information nachschlagen können. Das mag oft zutreffen, aber nicht immer. Die eBook-Reader können zwar auf das Internet zugreifen, aber sie sind bei Weitem nicht optimal dafür geeignet. W-Lan, Bluetooth oder gar Mobilfunk entleeren die oft schwachen Akkus in wenigen Stunden. Und selbst wenn all das noch in Kauf genommen werden kann, ist es doch zusätzlicher Aufwand für die Leser und daher kein optimales Nutzererlebnis.

Dennoch benötigen Sie nicht in jedem Fall ein eigenes Glossar. Es bietet sich an, den verwendeten Begriff direkt im Zusammenhang zu erläutern:

- Wenn er zum ersten Mal verwendet wird
- oder wenn er im konkreten Zusammenhang relevant wird.

In diesem Fall genügt es, den Begriff in Ihren Index aufzunehmen und die Stelle hervorzuheben, an der der Begriff erläutert wird. Diese Hervorhebung sollte auf dem Zwei-Wege-Prinzip vermittelt werden, Fettdruck ist oftmals nicht ausreichend, da er von Sehbehinderten übersehen werden kann und für Blinde nicht erkennbar ist. Sie können stattdessen ein spezielles Symbol voranstellen, das in einer Legende erklärt wird.

Sie können auch Index und Glossar kombinieren. Das ist sinnvoll, wenn Sie nur Fachbegriffe in den Index aufnehmen möchten. Dann kombinieren Sie den Begriff, die Erklärung und die wichtigen Fundstellen.

6.5   eBook testen

Das Ergebnis des eigenen Schaffens sollte auf jeden Fall getestet werden.

SIGIL und andere Autoren-Werkzeuge erlauben das Validieren, das heißt, es wird überprüft, ob die Datei den Standards entspricht. Wenn Sie auf Fehlersuche sind, sollten Sie immer zuerst die Validierung durchführen. Das müssen Sie ohnehin tun, da die meisten eBook-Shops keine invaliden eBooks ins Sortiment aufnehmen.

Die Browser Firefox und Chrome verfügen über Erweiterungen zur Ansicht von ePub-Dateien. Außerdem gibt es Erweiterungen, mit denen Webseiten auf Barrierefreiheit getestet werden können. Da ePub-Dateien ganz ähnlich wie Webseiten behandelt werden, können Sie auch die integrierten Werkzeuge dafür verwenden, Ihre Dateien zu prüfen.

Außerdem sollten Sie das Dokument auf mindestens einem eBook-Reader überprüfen.

6.6   Erklärung zur Barrierefreiheit

Wenn Sie möchten, können Sie am Anfang oder am Ende des Buches eine Erklärung zur Barrierefreiheit Ihres Buches einfügen. Das klingt zunächst gönnerhaft, zeigt aber tatsächlich, dass Sie sich Gedanken zu diesem Thema gemacht haben. Viele Leser sehen in der Vorschau das Inhaltsverzeichnis und erkennen dadurch, dass sie dieses Buch sorglos erwerben können.

Verzichten Sie auf allgemeine Statements, die erklären, warum Sie „ein Herz" für Behinderte haben oder Ähnliches, Beschreiben Sie stattdessen, was Sie gemacht haben, um Ihr Buch barrierefrei zu machen und warum es Ihnen wichtig ist. Sie senden damit auch eine Botschaft an andere Autoren oder Leser ohne eine Behinderung, die zu mehr Barrierefreiheit in eBooks führen kann. Wie alle Abschnitte sollte auch die Erklärung ins Inhaltsverzeichnis aufgenommen werden.

6.7   Zum Schluss: DRM und Kopierschutz

Sie haben Ihr Buch fertig und möchten es der Welt zur Verfügung stellen. Aber was ist, wenn es jemand klaut und in irgendeiner dubiosen Tauschbörse zum Download anbietet?

Ich möchte an dieser Stelle nicht über Sinn und Unsinn des digitalen Rechtemanagements, gemeinhin als Kopierschutz bezeichnet streiten. Leider verhindert der Harte Kopierschutz eine komfortable Nutzung des Buches. Zum Einen ist schon die erste Einrichtung der Software zum Buchmanagement eine Herausforderung. Zum Anderen kann der Leser nicht selbst entscheiden, mit welchem Programm er das Buch liest. Das ist aber eine entscheidende Voraussetzung für Barrierefreiheit.

Ich empfehle, auf den harten Kopierschutz zu verzichten. Der weiche Kopierschutz etwa mit digitalen Wasserzeichen erleichtert die Nutzung des Buches und schützt die Rechte des Anbieters.

Wenn Sie bei einem Self-Publishing-Dienstleister veröffentlichen, können Sie in einigen Fällen selbst entscheiden, welche Form von Kopierschutz Sie bevorzugen. Versuchen Sie ansonsten, Ihren Verlag von dem harten Kopierschutz abzubringen.

Ich hoffe, Sie haben Geschmack an dem Thema Barrierefreiheit gefunden. Wenn Sie sich weiter informieren möchten, empfehle ich Ihnen das Buch „Accessible ePub 3" von Matt Garrish. Er ist sehr viel ausführlicher auf die verschiedenen Themen eingegangen. Informationen rund um das barrierefreie Web finden Sie in meinem Buch „Barrierefreiheit im Internet". Wenn Sie Unterstützung benötigen, zögern Sie nicht, mich zu kontaktieren.

Wenn Sie Fragen zum Thema Barrierefreiheit, eBooks und Behinderung haben, nehmen Sie gerne Kontakt mit mir auf. Ich wünsche Ihnen viel Freude an und Erfolg mit Ihrem Buch.

7.   Zum Weiterlesen

Domingos de Oliveira. Barrierefreiheit im Internet – ein Handbuch für Redakteure. Epubli 2013/2014

Matt Garrish. Accessible ePub 3. O'Reily. 2012

ePub 3 Accessibility Guidelines

Top Tips for Creating Accessible EPUB 3 Files

Image Guidelines for EPUB 3

Accessibility QA Checklist

Maryanne Wolf. Das lesende Gehirn. Spektrum. 2009

Mark Lauren. Fit ohne Geräte. Riva. 2011